D1723809

ANALYSE FONDAMENTALE DU FOREX

guide pratique

Victor Vandersan

Amazon

Copyright © 2023 Victor Vandersan

All rights reserved

The characters and events portrayed in this book are fictitious. Any similarity to real persons, living or dead, is coincidental and not intended by the author.

No part of this book may be reproduced, or stored in a retrieval system, or transmitted in any form or by any means, electronic, mechanical, photocopying, recording, or otherwise, without express written permission of the publisher.

CONTENTS

INTRODUCTION AU MARCHÉ DES CHANGES

L e marché Forex est l'un des marchés financiers les plus dynamiques et complexes du monde. Avec des milliards de dollars échangés chaque jour, c'est un marché qui offre des opportunités exceptionnelles de profit, mais qui peut également être incroyablement difficile pour les investisseurs. C'est pourquoi il est si important d'avoir une compréhension solide de l'analyse fondamentale. Ce livre, "Analyse Fondamentale du Marché Forex", est un guide complet de l'analyse fondamentale sur le marché Forex. L'analyse fondamentale est une approche du marché qui implique l'étude des facteurs macroéconomiques, politiques et sociaux qui influent sur les taux de change. Nous explorerons l'analyse fondamentale en détail, en examinant les indicateurs économiques les plus importants tels que le PIB, l'inflation, les taux d'intérêt et le chômage, et comment ils affectent les taux de change. Nous aborderons également des sujets tels que la géopolitique, les élections et la politique monétaire, et comment ces facteurs peuvent influencer le marché Forex. Nous fournirons des exemples et des études de cas pour illustrer comment l'analyse fondamentale peut être appliquée au marché Forex. De plus, nous discuterons des stratégies de trading basées sur l'analyse fondamentale et comment elles peuvent être utilisées pour prendre des décisions d'investissement plus éclairées.

Il est important de souligner que le marché Forex est volatile et que le succès des investissements n'est pas garanti. Cependant, il existe des exemples de personnes qui ont réussi financièrement en utilisant l'analyse fondamentale sur le marché Forex. Voici quelques exemples :

George Soros : Il est probablement le plus célèbre des investisseurs ayant réussi sur le marché Forex. Soros a utilisé l'analyse fondamentale pour prédire la dévaluation de la livre sterling en 1992 et a gagné des milliards de dollars avec la chute de la monnaie britannique.

Stanley Druckenmiller : Il a été le principal collaborateur de Soros à cette époque et a utilisé la même analyse fondamentale pour réaliser des gains sur le marché Forex.

Andrew Krieger : Krieger est un ancien employé de la Bankers Trust qui a utilisé l'analyse fondamentale pour identifier une opportunité de profit dans une devise asiatique en 1987. Il a investi massivement dans cette monnaie et a réalisé des profits significatifs.

Michael Marcus : Il a été l'un des premiers traders de matières premières à se lancer sur le marché Forex, utilisant l'analyse fondamentale pour identifier des opportunités de profit. Il a rencontré un grand succès dans ses transactions et est devenu l'un des traders les plus réussis de son époque.

Ce ne sont que quelques exemples de personnes qui ont utilisé l'analyse fondamentale sur le marché Forex et ont obtenu un succès financier. Il est important de se rappeler que chaque investisseur a sa propre stratégie et que les résultats peuvent varier en fonction de la situation du marché et d'autres facteurs. Enfin, nous conclurons avec une section sur la manière dont l'analyse fondamentale peut être utilisée en conjonction avec d'autres formes d'analyse, telles que l'analyse technique, pour obtenir une vision plus complète du marché Forex.

Avec ce livre, nous espérons fournir aux investisseurs une compréhension solide de l'analyse fondamentale et de la manière dont elle peut être utilisée pour prendre des décisions d'investissement plus éclairées sur le marché Forex.

FONDEMENTS DE L'ANALYSE FONDAMENTALE

L'analyse fondamentale est une méthodologie d'analyse de marché qui vise à comprendre la valeur intrinsèque d'un actif, tel qu'une devise, des actions ou des matières premières, en évaluant les facteurs économiques, financiers et politiques qui influent sur son offre et sa demande. Dans ce chapitre, les fondements de l'analyse fondamentale seront présentés, comprenant :

Indicateurs économiques - L'analyse fondamentale prend en compte divers indicateurs économiques tels que l'inflation, le taux d'intérêt, le PIB, la balance commerciale, entre autres, pour évaluer la situation économique d'un pays et son impact sur l'offre et la demande de la devise.

Événements politiques et sociaux - Les événements politiques tels que les élections, les changements de gouvernement et les conflits internationaux peuvent influencer l'économie d'un pays et, par conséquent, sa devise. L'analyse fondamentale prend également en compte des aspects sociaux tels que la démographie et la culture, pouvant influencer le marché.

Balance des paiements - La balance des paiements d'un pays est un registre de toutes les transactions financières entre le pays et le reste du monde. L'analyse fondamentale utilise cet indicateur pour comprendre la santé financière d'un pays et évaluer l'offre et la demande de la devise.

Politique monétaire - La politique monétaire d'un pays, définie par sa banque centrale, affecte l'offre de monnaie et, par conséquent, sa valeur. L'analyse fondamentale prend en compte les décisions de la banque centrale, telles que les changements dans les taux d'intérêt et les programmes de stimulation monétaire, pour comprendre comment elles peuvent influencer le marché.

Facteurs techniques - Bien que l'analyse fondamentale se concentre principalement sur les facteurs économiques et politiques, elle peut également prendre en compte des facteurs techniques tels que l'analyse graphique pour comprendre les tendances du marché et identifier des opportunités d'investissement.

Indicateurs économiques

Les indicateurs économiques sont des données statistiques qui reflètent la performance économique d'un pays. Ils comprennent des mesures telles que le Produit Intérieur Brut (PIB), le taux d'inflation, la balance commerciale, entre autres. Ces données sont collectées par des agences gouvernementales, des organisations internationales et des entreprises de recherche, et sont utilisées pour évaluer l'économie d'un pays. Ces indicateurs servent de guide important aux investisseurs, les aidant à évaluer la performance économique d'un pays et à prendre des décisions éclairées sur leurs investissements. Ils peuvent être utilisés pour anticiper les tendances futures du marché et identifier des opportunités d'investissement.

Ils sont souvent utilisés par les gouvernements pour surveiller et ajuster leur politique économique. Par exemple, si le taux d'inflation est élevé, le gouvernement peut augmenter les taux d'intérêt pour réduire la consommation et maîtriser l'inflation. Les indicateurs économiques sont l'un des principaux facteurs qui influent sur la valeur d'une monnaie sur le marché des changes. Par exemple, un pays avec un PIB solide et une balance commerciale positive est plus attractif pour les investissements étrangers, ce qui peut augmenter la demande pour sa monnaie et accroître sa valeur par rapport à d'autres devises.

Bien que les indicateurs économiques puissent être un outil précieux pour la prise de décisions d'investissement, ils doivent être interprétés correctement. Cela nécessite une compréhension complète du contexte économique du pays et une analyse attentive des tendances et des schémas. Les indicateurs économiques changent constamment, reflétant les changements dans l'économie du pays. Il est donc important de rester informé sur ces indicateurs pour prendre des décisions éclairées sur les investissements.

Bien que les indicateurs économiques soient importants, ils doivent être pris en compte en conjonction avec d'autres facteurs affectant le marché financier, tels que les événements politiques, les changements dans les taux d'intérêt et les fluctuations du marché boursier. Il est important d'avoir une compréhension complète de tous ces facteurs.

Événements politiques et sociaux

Les événements politiques et sociaux sont des situations qui impactent la vie de la population en général, tels que les élections, les conflits, les manifestations et les catastrophes naturelles. Ces événements peuvent avoir un impact significatif sur l'économie, influençant la production, la consommation, l'investissement et le commerce. Suivre les événements politiques et sociaux est essentiel pour comprendre les tendances et les mouvements de la société. Cela aide les investisseurs et les entreprises à prendre des décisions éclairées sur les investissements, à se préparer aux changements sur le marché et à anticiper les risques et les opportunités.

Les événements politiques et sociaux peuvent affecter considérablement le marché boursier, modifiant les perspectives des investisseurs et influençant la demande d'actions. Par exemple, le discours d'un leader politique peut impacter la valeur des actions d'une entreprise, ainsi que la monnaie du pays où l'entreprise est basée. Les événements politiques et sociaux peuvent également influencer les relations internationales et la géopolitique. Les décisions politiques prises par les dirigeants d'une nation peuvent affecter les relations commerciales, diplomatiques et militaires entre les pays, impactant l'économie et la sécurité mondiale. Ils peuvent affecter le commerce international par le biais de mesures telles que les tarifs, les embargos et les sanctions, modifiant la demande de produits, perturbant le flux commercial et impactant les chaînes d'approvisionnement mondiales.

Les événements politiques et sociaux peuvent avoir un impact significatif sur la vie des individus. Cela peut affecter l'accès à l'éducation, à la santé, à l'emploi et à la justice. Comprendre ces événements peut aider à élaborer des solutions pour ces problèmes et à améliorer la qualité de vie des personnes. Bien que les événements politiques et sociaux puissent influencer l'économie et la société de manière significative, il est important de les analyser avec soin et de comprendre le contexte dans lequel ils se produisent. Une analyse approfondie peut aider à anticiper les changements sur le marché et à prendre des décisions éclairées sur les investissements.

◆ ◆ ◆

Balance des paiements

La balance des paiements est un document qui enregistre toutes les transactions économiques d'un pays avec le reste du monde au cours d'une période spécifique, généralement une année. Elle est divisée en deux parties principales : la compte courant et la compte de capital et financière. Le compte courant enregistre les transactions commerciales et de services, telles que les exportations, les importations, les transferts d'argent et les paiements d'intérêts et de dividendes. Il reflète la performance économique du pays par rapport au reste du monde, indiquant si le pays génère plus de revenus qu'il n'en dépense ou vice versa. La compte de capital et financière, d'autre part, enregistre les transactions d'investissement, telles que les investissements en actions, obligations et biens immobiliers à l'étranger, ainsi que les investissements étrangers dans le pays. Elle reflète les mouvements de capitaux du pays avec le reste du monde et est une mesure importante pour évaluer le flux d'investissements étrangers dans un pays. La balance des paiements est un outil essentiel pour évaluer la santé financière d'un pays. Elle permet aux analystes d'évaluer la position économique du pays par rapport au reste du monde, sa capacité à financer sa dette extérieure, son flux de trésorerie, entre autres métriques importantes.

Les informations contenues dans la balance des paiements sont utilisées par les gouvernements et les investisseurs pour prendre des décisions importantes, telles que les politiques fiscales et monétaires, ainsi que les stratégies d'investissement. Par exemple, un pays avec un déficit dans la compte courant peut être considéré comme un risque plus élevé pour les investisseurs, ce qui peut affecter négativement son accès au crédit et aux investissements étrangers. La balance des paiements est également importante pour la stabilité économique mondiale. Lorsque les pays ont des déséquilibres dans leurs comptes courants, cela peut entraîner une déstabilisation économique mondiale, ce qui peut affecter négativement l'économie d'autres pays. Il est donc important que les pays maintiennent leurs comptes courants en équilibre pour assurer la stabilité économique mondiale.

De plus, la balance des paiements peut également être utilisée pour identifier des opportunités d'investissement dans d'autres pays. Par exemple, si un pays a un excédent dans sa compte courant, cela peut indiquer qu'il est un bon endroit pour investir, car le pays génère plus de revenus qu'il ne dépense. Enfin, il est important de souligner que la balance des paiements est un outil dynamique qui reflète les changements dans l'économie mondiale. C'est pourquoi il est important que les analystes et les investisseurs suivent régulièrement les changements dans la balance des paiements d'un pays pour prendre des décisions éclairées sur les investissements et les politiques économiques.

◆ ◆ ◆

Politique monétaire

L'objectif principal de la politique monétaire est de maintenir la stabilité des prix, c'est-à-dire de contrôler l'inflation et de garantir qu'elle reste à un niveau raisonnable. Pour atteindre cet objectif, les gouvernements peuvent augmenter ou diminuer l'offre de monnaie sur le marché et ajuster le taux d'intérêt. La politique monétaire influence l'offre d'argent dans l'économie, ce qui, à son tour, affecte l'inflation. Si l'offre d'argent augmente rapidement, cela peut entraîner une hausse de l'inflation. En revanche, si l'offre d'argent est limitée, cela peut entraîner une diminution de l'inflation.

Le taux d'intérêt est l'une des principales instruments utilisées par les gouvernements pour mettre en œuvre la politique monétaire. Lorsque l'économie croît rapidement, les gouvernements peuvent augmenter le taux d'intérêt pour décourager la consommation et limiter l'inflation. En revanche, lorsque l'économie est en récession, les gouvernements peuvent réduire le taux d'intérêt pour stimuler l'activité économique.

Lorsque les gouvernements augmentent le taux d'intérêt, cela peut entraîner une baisse des prix des actions, car les entreprises doivent payer davantage d'intérêts sur leurs dettes. En revanche, lorsque les gouvernements réduisent le taux d'intérêt, cela peut entraîner une hausse des prix des actions, car les entreprises peuvent contracter des emprunts à moindre coût.

Pour garantir que la politique monétaire soit mise en œuvre de manière efficace, il est important que les banques centrales soient indépendantes des gouvernements. Cela signifie qu'elles doivent avoir la capacité de prendre des décisions indépendantes sur la politique monétaire, sans ingérence politique.

L'augmentation du taux d'intérêt peut entraîner une appréciation de la monnaie, rendant les exportations plus chères et les importations moins coûteuses. En revanche, lorsque les gouvernements réduisent le taux d'intérêt, cela peut entraîner une dépréciation de la monnaie, rendant les exportations moins chères et les importations plus coûteuses.

La transparence dans la politique monétaire est fondamentale pour garantir que les décisions prises par les gouvernements et les banques centrales soient claires et compréhensibles pour le grand public. La transparence contribue à maintenir la confiance dans la politique monétaire et à réduire l'incertitude quant aux décisions prises, permettant aux individus et aux entreprises de prendre des décisions éclairées et de mieux planifier l'avenir.

De plus, la transparence peut contribuer à prévenir la corruption et à garantir que les politiques monétaires soient mises en œuvre de manière juste et équitable.

◆ ◆ ◆

Facteurs techniques

Les facteurs techniques sont des données qui reflètent le comportement historique des prix et du volume de transactions d'un actif. Ils comprennent des indicateurs techniques tels que les moyennes mobiles, les oscillateurs et les niveaux de support et de résistance. Ces données sont collectées et analysées au moyen de logiciels spécialisés pour aider les investisseurs à mieux comprendre le comportement du marché.

Les facteurs techniques sont un guide important pour les investisseurs, les aidant à identifier les tendances de prix et les motifs de transaction qui peuvent être utilisés pour prédire les tendances futures du marché. Ils peuvent être utilisés pour repérer des opportunités d'investissement et gérer le risque d'investissement.

Bien que l'analyse fondamentale se concentre sur les facteurs économiques qui influent sur le marché, les facteurs techniques sont importants pour comprendre le comportement du marché à court terme. Une combinaison d'analyse fondamentale et de facteurs techniques peut aider les investisseurs à prendre des décisions éclairées sur leurs investissements.

Les facteurs techniques sont l'un des principaux éléments qui influent sur la valeur d'une devise sur le marché des changes. Par exemple, le niveau de support et de résistance d'une devise peut influencer le comportement des investisseurs et affecter la valeur de la monnaie.

Bien que les facteurs techniques puissent être un outil précieux pour la prise de décisions d'investissement, ils doivent être interprétés correctement. Cela nécessite une compréhension complète du contexte financier du marché et une analyse minutieuse des tendances et des motifs. Ces facteurs changent constamment, reflétant les évolutions du comportement du marché. Il est donc important de rester informé de ces facteurs pour prendre des décisions éclairées en matière d'investissement.

Bien que les facteurs techniques soient importants, ils doivent être pris en compte conjointement avec d'autres éléments qui influent sur le marché financier, tels que les événements politiques, les changements de taux d'intérêt et les fluctuations du marché boursier. Il est important d'avoir une compréhension complète de tous ces facteurs pour obtenir de bonnes performances dans vos analyses.

"Os fondements de l'analyse fondamentale sont essentiels pour comprendre les forces qui animent le marché du Forex et identifier des opportunités d'investissement durables"

- Warren Buffett.

FATORES ÉCONOMIQUES IMPACTANT LE FOREX

D ans ce chapitre, nous explorerons en profondeur les principaux facteurs économiques qui influent sur le marché du Forex. Ces facteurs peuvent être divisés en deux catégories principales : les facteurs macroéconomiques et les facteurs microéconomiques.

Facteurs Macroéconomiques - Ce sont des éléments qui affectent l'économie d'un pays dans son ensemble. Ils comprennent des indicateurs tels que le PIB, le taux d'inflation, le taux d'intérêt, la balance commerciale, la balance des paiements, entre autres. L'analyse de ces indicateurs peut contribuer à la compréhension de la situation économique du pays et, par conséquent, à la demande de la monnaie.

Facteurs Microéconomiques - Ce sont des éléments qui impactent des entreprises et des secteurs spécifiques au sein d'un pays. Ils peuvent inclure des événements tels que des lancements de produits, des changements de direction d'entreprise, des fusions et acquisitions, entre autres. L'analyse de ces facteurs peut contribuer à la compréhension des performances des entreprises et des secteurs, ce qui peut à son tour influencer la demande de la monnaie.

Facteurs macroéconomiques

Les facteurs macroéconomiques sont ceux qui affectent l'économie d'un pays dans son ensemble et, par conséquent, la demande de la monnaie. Nous examinerons maintenant certains des principaux facteurs macroéconomiques qui influent sur le marché du Forex.

1. PIB - Le Produit Intérieur Brut (PIB) est l'un des indicateurs macroéconomiques les plus importants. Il représente la valeur totale de tous les biens et services produits dans un pays au cours d'une période donnée. La croissance du PIB peut être un indicateur de la santé économique d'un pays et peut influencer la demande de la monnaie.

2. Taux d'inflation - Le taux d'inflation est une autre mesure macroéconomique importante. Il mesure l'augmentation des prix des biens et services sur une période donnée. Une inflation élevée peut entraîner une dépréciation de la monnaie, car les investisseurs peuvent s'inquiéter de l'impact sur l'économie.

3. Taux d'intérêt - Les taux d'intérêt fixés par les banques centrales de chaque pays sont l'un des principaux facteurs qui influent sur le Forex. Des taux d'intérêt plus élevés rendent la monnaie plus attrayante pour les investisseurs étrangers, ce qui peut entraîner une appréciation de la monnaie.

4. Balance commerciale - La balance commerciale est la différence entre la valeur des exportations et des importations d'un pays. Si un pays exporte plus qu'il n'importe, la demande pour sa monnaie peut augmenter, ce qui peut entraîner une appréciation de la monnaie.

5. Balance des paiements - La balance des paiements est un registre de toutes les transactions financières entre un pays et le reste du monde. Elle inclut les paiements et les réceptions de biens, de services, de prêts et d'investissements. Un solde des paiements positif peut indiquer une économie forte, ce qui peut influencer la demande de la monnaie.

6. Politique fiscale - La politique fiscale est la manière dont un gouvernement collecte et dépense de l'argent. Des changements dans la politique fiscale, tels que l'augmentation des impôts ou des coupes dans les dépenses, peuvent affecter l'économie et, par conséquent, la monnaie.

7. Politique monétaire - La politique monétaire, qui inclut des décisions sur les taux d'intérêt, les programmes de stimulation monétaire et les achats de titres, peut également affecter la valeur de la monnaie d'un pays. Des changements dans la politique monétaire peuvent entraîner une appréciation ou une dépréciation de la monnaie.

Ce sont quelques-uns des principaux facteurs macroéconomiques qui influent sur le marché du Forex. L'analyse de ces facteurs est essentielle pour ceux qui cherchent à devenir des analystes fondamentaux réussis sur le marché du Forex. Il est important de se rappeler que ces facteurs peuvent interagir les uns avec les autres et avoir des effets complexes sur l'économie et le marché du Forex.

Un exemple classique d'effet complexe qui peut survenir avec l'interaction de ces facteurs est le "conflit d'objectifs" qui peut se produire dans la politique monétaire. Par exemple, un gouvernement peut décider d'augmenter les taux d'intérêt pour contrôler l'inflation, ce qui peut entraîner une appréciation de la monnaie locale. Cependant, cette appréciation peut nuire à la balance commerciale du pays, car elle peut rendre les exportations plus chères et les importations moins chères, réduisant ainsi la demande de la monnaie locale. Pour faire face à ce conflit d'objectifs, la banque centrale peut décider d'intervenir sur le marché des changes en achetant ou en vendant de la monnaie, ce qui peut avoir des effets imprévisibles sur l'économie. C'est pourquoi l'analyse macroéconomique doit tenir compte de l'interaction entre ces facteurs et envisager les conséquences potentielles non intentionnelles des politiques économiques.

Facteurs microéconomiques

Les facteurs microéconomiques sont ceux qui affectent les entreprises et les secteurs spécifiques au sein d'un pays et peuvent influencer le marché Forex de diverses manières. Le premier facteur à prendre en compte est la performance des entreprises. Les entreprises avec des résultats financiers positifs ont tendance à attirer davantage d'investisseurs, augmentant ainsi la demande pour la monnaie du pays où elles sont basées.

Un autre facteur important est la politique fiscale. Les décisions du gouvernement concernant les impôts et les réglementations peuvent affecter la performance des entreprises. Des changements dans le régime fiscal, par exemple, peuvent avoir un impact significatif sur les finances des entreprises et, par conséquent, sur la demande de la monnaie.

Les politiques d'encouragement au commerce international ont également une influence sur le marché Forex. Des accords commerciaux et l'ouverture de nouveaux marchés peuvent bénéficier aux entreprises exportatrices, entraînant une appréciation de la monnaie du pays d'origine de ces entreprises.

Les changements de direction au sein des entreprises peuvent également affecter la demande de la monnaie. La nomination d'un nouveau PDG, par exemple, peut entraîner un changement de stratégie de l'entreprise et, par conséquent, une modification de la valeur de la monnaie du pays où l'entreprise est basée.

La concurrence entre les entreprises est également un facteur à prendre en compte. L'entrée de nouveaux concurrents sur le marché peut entraîner une baisse des prix et des profits des entreprises existantes, affectant la demande de la monnaie.

La performance du secteur immobilier peut également influencer le marché Forex. Un boom dans le secteur immobilier peut entraîner une augmentation de la construction de biens immobiliers et de l'embauche d'entreprises de construction, générant des emplois et des revenus et, par conséquent, conduisant à une appréciation de la monnaie.

Enfin, la stabilité politique du pays est également un facteur important à prendre en compte. Des événements tels que des élections et des crises politiques peuvent influencer la performance des entreprises et, par conséquent, la demande de la monnaie.

L'analyse des facteurs microéconomiques est essentielle pour ceux qui cherchent à comprendre les fluctuations du marché Forex et à identifier d'éventuelles opportunités d'investissement.

ANALYSE DES INDICATEURS ÉCONOMIQUES

L'analyse des indicateurs économiques est l'une des principales méthodes pour comprendre le marché du Forex et prendre des décisions d'investissement éclairées. Les indicateurs économiques sont des statistiques qui reflètent la performance économique d'un pays ou d'une région et peuvent être classés en trois catégories principales : les indicateurs macroéconomiques, les indicateurs de marché et les indicateurs sectoriels.

Les indicateurs macroéconomiques comprennent des statistiques sur l'économie en général, tels que le produit intérieur brut (PIB), l'indice des prix à la consommation (IPC), l'indice des prix à la production (IPP), le taux de chômage et la balance commerciale. Ces indicateurs offrent une vue d'ensemble de la santé économique d'un pays et peuvent influencer le taux de change de la monnaie.

Les indicateurs de marché, quant à eux, sont des statistiques reflétant la performance de marchés spécifiques, tels que le marché des actions et le marché des matières premières. Des exemples d'indicateurs de marché incluent l'indice Bovespa, le prix du pétrole et le prix de l'or. La performance de ces marchés peut influencer la monnaie d'un pays, en particulier si le pays est un grand producteur de matières premières.

Les indicateurs sectoriels sont des statistiques reflétant la performance de secteurs spécifiques de l'économie, tels que l'industrie automobile, le secteur technologique et le secteur immobilier. Ces indicateurs fournissent des informations sur la performance des entreprises dans ces secteurs et peuvent influencer la demande de la monnaie d'un pays.

Un grand investisseur utilise généralement une série d'indicateurs macroéconomiques pour analyser la santé économique d'un pays et prendre des décisions d'investissement. Par exemple, le produit intérieur brut (PIB) est un indicateur largement utilisé pour mesurer la performance économique globale d'un pays. Un grand investisseur peut analyser le taux de croissance du PIB ainsi que la composition du PIB par secteur, afin d'évaluer la force de l'économie dans différentes zones, telles que l'agriculture, l'industrie et les services.

Un autre indicateur largement utilisé est le taux de chômage, qui peut indiquer la santé globale du marché du travail et la capacité du pays à soutenir la demande des consommateurs. De plus, l'investisseur peut évaluer le taux d'inflation pour évaluer la stabilité des prix et anticiper d'éventuels mouvements futurs des taux d'intérêt. L'investisseur peut également analyser la balance des paiements d'un pays, qui enregistre les transactions commerciales et financières entre le pays et le reste du monde. Ces données peuvent fournir des informations précieuses sur la capacité du pays à financer ses importations et exportations, ainsi que sur sa position par rapport à d'autres pays.

Un autre indicateur important est le taux d'intérêt, qui peut affecter les rendements des investissements dans un pays donné. Un investisseur peut suivre les décisions de politique monétaire de la banque centrale du pays en question, ainsi que l'inflation et d'autres conditions économiques, pour anticiper les changements futurs des taux d'intérêt.

Enfin, un investisseur peut évaluer le sentiment du marché à travers des indices tels que le S&P 500 ou le Dow Jones Industrial Average. Ces indices peuvent fournir des informations sur la performance globale du marché boursier et la confiance des investisseurs dans l'économie en général.

En ce qui concerne les indicateurs de marché, l'investisseur peut surveiller le volume des transactions d'actions sur un marché donné pour évaluer l'activité du marché et déterminer s'il existe une demande significative pour certaines actions. De plus, l'investisseur peut surveiller la performance de secteurs spécifiques du marché, tels que la technologie, la santé ou l'énergie, pour identifier des opportunités d'investissement dans des secteurs spécifiques qui peuvent avoir une meilleure performance que le marché en général. L'investisseur peut également évaluer les niveaux de volatilité du marché, ainsi que les niveaux de risque et de rendement attendus de différents types d'investissements. Il est également nécessaire d'évaluer la position concurrentielle des entreprises individuelles sur le marché et de réaliser des analyses fondamentales pour déterminer la valeur intrinsèque des actions d'une entreprise.

En utilisant une variété d'indicateurs de marché, l'investisseur peut prendre des décisions d'investissement éclairées et maximiser ses rendements financiers. Il est nécessaire d'utiliser des indicateurs sectoriels pour évaluer la performance d'un secteur spécifique de l'économie et prendre des décisions d'investissement plus éclairées. Par exemple, si un investisseur s'intéresse au secteur de la technologie, il peut analyser la performance financière des entreprises leaders de ce secteur, telles qu'Apple, Amazon, Google et Facebook, pour évaluer le potentiel de croissance et le risque d'investissement. Considérez l'évaluation de divers indicateurs sectoriels tels que les revenus, les marges bénéficiaires, les prix des actions, les flux de trésorerie libres et les tendances de croissance. De plus, l'investisseur peut comparer la performance d'une entreprise avec d'autres entreprises du même secteur ou du marché en général pour évaluer sa position concurrentielle. Par exemple, si un investisseur s'intéresse au secteur des énergies renouvelables, il peut analyser la croissance des revenus et la tendance des bénéfices des entreprises leaders de ce secteur, ainsi que l'adoption des énergies renouvelables par les gouvernements et la demande des consommateurs. Il peut également analyser les prix des matières premières connexes, tels que le prix du pétrole, et comment cela peut affecter la performance des entreprises d'énergie renouvelable.

De plus, l'investisseur peut évaluer les facteurs externes susceptibles d'influencer la performance du secteur, tels que les changements dans les politiques gouvernementales, les évolutions technologiques et la concurrence. Ces facteurs peuvent avoir une incidence sur la rentabilité et les perspectives de croissance du secteur, et ainsi influencer la performance des entreprises individuelles.

En résumé, les indicateurs sectoriels peuvent fournir aux investisseurs des informations précieuses sur la performance financière d'une entreprise par rapport à ses concurrents et sur la santé générale du secteur. Cela peut aider l'investisseur à prendre des décisions d'investissement plus éclairées et à maximiser ses rendements.

"Les marchés financiers ont la capacité d'anticiper les événements économiques avant même qu'ils ne se

*produisent, ce qui peut aider à guider nos décisions d'investissement." - **George Soros***

ANALYSE DES TAUX D'INTÉRÊT

L e taux d'intérêt est l'un des principaux indicateurs
économiques que les investisseurs utilisent pour évaluer
la santé de l'économie et prendre des décisions
d'investissement éclairées. Dans ce chapitre, nous discuterons de
la manière dont l'analyse des taux d'intérêt peut être utilisée
pour aider à prédire les tendances du marché financier et prendre
des décisions d'investissement judicieuses. Le taux d'intérêt peut
être défini comme le coût de l'argent emprunté, ou le rendement
sur l'argent prêté. Il est établi par la banque centrale d'un pays
et affecte directement le coût des prêts aux entreprises et aux
particuliers, ainsi que la rentabilité des investissements dans les
titres de dette gouvernementale. Lorsque le taux d'intérêt est bas,
il est moins cher d'emprunter et les investissements dans les titres
de dette gouvernementale génèrent des rendements plus faibles,
tandis qu'un taux d'intérêt élevé a l'effet contraire.

L'analyse des taux d'intérêt implique l'étude des variations
des taux d'intérêt au fil du temps et de leur relation avec
d'autres indicateurs économiques tels que l'inflation, la croissance
économique et la politique monétaire. Par exemple, une hausse
du taux d'intérêt peut indiquer que la banque centrale tente de

contenir l'inflation, tandis qu'une baisse du taux d'intérêt peut indiquer que la banque centrale cherche à stimuler la croissance économique. Les investisseurs peuvent utiliser l'analyse des taux d'intérêt pour prédire les tendances du marché financier et prendre des décisions d'investissement éclairées. Par exemple, si le taux d'intérêt est élevé, il peut être avantageux d'investir dans des titres de dette gouvernementale à court terme pour profiter des rendements élevés. Cependant, si le taux d'intérêt est bas, il peut être plus avantageux d'investir dans des titres de dette gouvernementale à long terme, offrant des rendements plus élevés.

De plus, les investisseurs peuvent utiliser l'analyse des taux d'intérêt pour évaluer la santé de l'économie en général. Par exemple, si le taux d'intérêt est bas et que la croissance économique est forte, cela peut indiquer que l'économie est en période d'expansion. Cependant, si le taux d'intérêt est élevé et que la croissance économique est faible, cela peut indiquer que l'économie est en période de ralentissement. Enfin, les investisseurs doivent également prendre en compte la politique monétaire de la banque centrale lors de l'analyse des taux d'intérêt. Par exemple, si la banque centrale adopte une politique monétaire expansionniste, en réduisant les taux d'intérêt et en injectant de l'argent dans l'économie, cela peut indiquer un environnement favorable aux investissements à risque plus élevé, tels que les actions et les obligations d'entreprises. En revanche, si la banque centrale adopte une politique monétaire restrictive, en augmentant les taux d'intérêt et en retirant de l'argent de l'économie, il peut être plus sûr d'investir dans des actifs à moindre risque, tels que les titres de dette gouvernementale.

Un exemple intéressant de la façon dont l'analyse des taux

d'intérêt peut affecter le marché des changes est le cas du trader Andy Krieger.

En 1987, Krieger travaillait pour le Bankers Trust, lorsqu'il apprit que le gouvernement de Nouvelle-Zélande avait l'intention de limiter la quantité de monnaie en circulation afin de lutter contre l'inflation. Krieger pensait que cette mesure entraînerait une appréciation excessive du dollar néo-zélandais (NZD) par rapport au dollar américain (USD) et décida d'agir rapidement.

Il persuada le Bankers Trust de lui fournir un capital de 700 millions de dollars pour spéculer sur la monnaie néo-zélandaise, et en seulement deux semaines, Krieger parvint à générer un bénéfice de 300 millions de dollars, faisant chuter rapidement la valeur du NZD par rapport à l'USD.

Ce qui rendit cette transaction si étonnante était l'ampleur de l'investissement et l'utilisation agressive de l'effet de levier pour générer des profits. Krieger a acheté la plupart des positions avec un effet de levier de 400:1, ce qui signifie qu'il risquait 400 dollars en capital de marge pour chaque dollar investi.

Ce type de négociation à haut risque est rare sur le marché des changes, mais Krieger a utilisé son analyse des taux d'intérêt pour identifier une opportunité unique. Cette histoire illustre comment l'analyse des taux d'intérêt peut être un facteur crucial dans la prise de décisions de négociation sur le marché des changes.

En évaluant les politiques monétaires de différents pays, les traders peuvent anticiper les mouvements de prix et prendre des décisions éclairées sur la manière d'investir leur capital. Bien sûr, il est important de se rappeler que le commerce de devises comporte des risques importants, et même les traders les plus expérimentés connaissent parfois des pertes significatives.

*"J'ai réalisé qu'il y avait une opportunité unique de gagner beaucoup d'argent très rapidement, et j'étais prêt à prendre le risque." - **Andy Krieger***

AUDIT DES BILANS COMMERCIAUX ET DES BUDGETS

L'analyse des bilans commerciaux et des budgets est un outil essentiel pour évaluer la santé financière d'un pays et la durabilité de son économie. Les bilans commerciaux révèlent l'équilibre entre les exportations et les importations d'un pays, tandis que les budgets exposent les recettes et les dépenses du gouvernement. Ces deux indicateurs sont cruciaux pour comprendre la situation économique d'un pays et prendre des décisions d'investissement éclairées.

L'analyse des bilans commerciaux revêt une importance particulière car elle permet de saisir la compétitivité d'un pays par rapport à d'autres. Si un pays exporte plus qu'il n'importe, il peut être considéré comme compétitif et en bonne santé. En revanche, s'il importe davantage qu'il n'exporte, il peut être perçu comme moins compétitif et plus vulnérable aux chocs externes.

L'analyse des budgets gouvernementaux est tout aussi cruciale, car elle permet d'évaluer la capacité du gouvernement à financer ses activités et projets. Si un gouvernement dépense plus qu'il ne perçoit, il peut faire face à des difficultés financières et avoir du mal à financer ses projets d'infrastructure et programmes sociaux. À l'inverse, s'il perçoit plus qu'il ne dépense, il peut être considéré comme financièrement responsable et capable d'investir dans des projets bénéfiques pour l'économie.

De plus, l'analyse des bilans commerciaux et des budgets aide les investisseurs à évaluer le risque associé à l'investissement dans un pays donné. Un pays confronté à des déficits commerciaux ou budgétaires croissants peut être considéré comme plus risqué pour les investisseurs. En revanche, un pays affichant des excédents commerciaux et budgétaires peut être considéré comme moins risqué.

Les investisseurs peuvent également utiliser l'analyse des bilans commerciaux et des budgets pour identifier les secteurs de l'économie pouvant bénéficier ou être affectés par des changements dans ces métriques. Par exemple, un excédent commercial peut indiquer que les entreprises exportatrices d'un pays peuvent en bénéficier, tandis qu'un déficit commercial peut signifier que les entreprises importatrices pourraient être négativement impactées.

En résumé, l'analyse des bilans commerciaux et des budgets est un outil précieux pour évaluer la santé financière d'un pays et prendre des décisions d'investissement éclairées. Elle permet aux investisseurs de comprendre la compétitivité d'un pays, la capacité du gouvernement à financer des projets, le risque d'investissement, et à identifier les secteurs pouvant bénéficier ou être affectés par les changements dans ces métriques.

◆ ◆ ◆

Il y a eu un cas notoire en 1992, connu sous le nom de "Mercredi noir", où l'investisseur George Soros a réalisé un bénéfice d'environ 1 milliard de dollars en une seule journée.

Il a fait cela en pariant contre la livre sterling britannique, qui était alors liée au Mécanisme de taux de change européen (MCE). Soros a commencé à jouer contre la livre sterling lorsque le Royaume-Uni a commencé à lutter pour maintenir le taux de change de la livre au sein du MCE, alors que les taux d'intérêt augmentaient.

Soros croyait que le taux de change était insoutenable et que le gouvernement britannique serait contraint de déprécier la livre sterling. Il a commencé à parier contre la livre, en vendant d'abord des actions britanniques, puis en vendant la monnaie elle-même.

Pour ce faire, il a emprunté de grandes quantités de livres sterling, les a converties en autres devises et a attendu que la livre baisse, pour ensuite la racheter à un prix plus bas. Lorsque la livre s'est finalement dépréciée par rapport aux autres devises, Soros a racheté des livres avec les autres devises qu'il avait achetées et les a restituées, gagnant une énorme somme d'argent.

Soros a bénéficié de l'analyse des balances commerciales et des budgets du Royaume-Uni, qui indiquaient une pression croissante sur le taux de change de la livre sterling. Il a combiné cette analyse avec la tendance macroéconomique et les actualités, ce qui lui a permis de faire un pari réussi contre la livre sterling.

Cette manœuvre financière a fait de Soros l'une des personnes les plus riches du monde et a été un exemple remarquable de la manière dont l'analyse des balances commerciales et des budgets peut être utilisée pour réaliser d'importants bénéfices sur les marchés financiers.

"Les chiffres ne mentent pas." - **Jamie Dimon, PDG de**

JPMorgan Chase, soulignant l'importance de l'analyse des balances commerciales et des budgets dans la prise de décisions financières.

ANALYSE DU CHÔMAGE ET DE L'INFLATION

L'analyse du chômage et de l'inflation joue un rôle crucial dans l'analyse fondamentale du marché du forex. Ces deux indicateurs peuvent avoir un impact significatif sur l'économie d'un pays, et donc sur la valeur de sa monnaie. Dans ce chapitre, nous explorerons la relation entre le chômage et l'inflation, ainsi que la manière dont ces indicateurs peuvent être utilisés pour anticiper les tendances sur le marché du forex.

Le chômage est un indicateur clé de la santé économique d'un pays. Plus la taux de chômage est bas, plus la demande de biens et de services augmente, ce qui peut entraîner une hausse de l'inflation. En revanche, lorsque le taux de chômage est élevé, la demande de biens et de services diminue, ce qui peut entraîner une situation de déflation. Les traders forex peuvent utiliser les données sur le chômage pour anticiper les tendances futures de l'inflation et prendre des décisions de trading éclairées.

Les investisseurs peuvent utiliser le taux de chômage comme un outil pour effectuer d'importantes transactions sur le marché du

Forex. Par exemple, si le taux de chômage d'un pays est en baisse, cela peut indiquer une reprise économique et une augmentation potentielle de la demande de la monnaie de ce pays. Dans ce cas, un investisseur peut choisir d'acheter la monnaie de ce pays avant que sa valeur ne augmente.

D'autre part, si le taux de chômage d'un pays est élevé, cela peut indiquer une économie faible et instable, ce qui peut entraîner une baisse de la valeur de la monnaie de ce pays. Dans ce cas, un investisseur peut choisir de vendre la monnaie de ce pays avant que sa valeur ne chute davantage. De plus, il est important de se rappeler que le taux de chômage peut affecter différents secteurs de l'économie de manière différente. Par exemple, un taux de chômage élevé peut entraîner une baisse de la demande de biens et services, ce qui peut avoir un impact négatif sur les entreprises de vente au détail et du tourisme. D'autre part, des secteurs tels que la technologie et la santé peuvent être moins touchés par le taux de chômage. Ainsi, lors de l'analyse du taux de chômage, il est important de prendre en compte l'impact qu'il peut avoir sur différents secteurs de l'économie et de prendre des décisions de trading en fonction de cette analyse globale.

L'inflation est un autre indicateur critique qui affecte l'économie d'un pays et, par conséquent, le marché des changes. L'inflation se produit lorsqu'il y a une augmentation générale des prix des biens et services dans une économie. Lorsque l'inflation est élevée, le pouvoir d'achat de la monnaie diminue, ce qui peut entraîner une baisse de la valeur de la monnaie par rapport à d'autres devises étrangères. Les traders forex peuvent utiliser les données d'inflation pour prévoir les tendances futures et prendre des décisions de trading en fonction de ces prévisions. Si le taux d'inflation dans un pays augmente, les traders peuvent anticiper que la banque centrale du pays pourrait augmenter les taux d'intérêt pour contrôler l'inflation. Cela peut entraîner une appréciation de la monnaie de ce pays par rapport à d'autres devises. D'autre part, si le taux d'inflation dans un pays est bas, les traders peuvent anticiper que la banque centrale pourrait réduire les taux d'intérêt pour stimuler la croissance économique. Cela peut entraîner une dépréciation de la monnaie de ce pays par rapport à d'autres devises.

De plus, l'inflation peut affecter différents secteurs de l'économie de manière différente. Par exemple, en période d'inflation élevée, les secteurs des matières premières, tels que le pétrole et l'or, peuvent en bénéficier, car les prix de ces produits augmentent généralement pendant les périodes d'inflation. D'autre part, des secteurs tels que la vente au détail et l'immobilier peuvent être affectés négativement, car les prix à la consommation peuvent augmenter et la demande de biens immobiliers peut diminuer. Les traders peuvent utiliser divers indicateurs pour surveiller l'inflation, y compris l'indice des prix à la consommation (IPC), l'indice des prix à la production (IPP) et l'indice des prix des matières premières (IPC). Ils peuvent également surveiller les politiques de la banque centrale et les rapports économiques, tels que le rapport sur l'inflation, pour obtenir une vue d'ensemble plus complète de l'économie et prendre des décisions d'investissement plus éclairées.

L'analyse du chômage et de l'inflation ensemble peut également aider les traders à comprendre la relation entre ces deux indicateurs. Par exemple, si le taux de chômage est bas mais que l'inflation est élevée, cela peut indiquer une pression inflationniste. D'autre part, si le taux de chômage est élevé et que l'inflation est basse, cela peut indiquer une déflation.

◆ ◆ ◆

Un exemple d'investisseur qui a utilisé l'analyse du taux de chômage et de l'inflation pour effectuer un important trading sur le marché des changes est Paul Tudor Jones.

En 1987, Jones a correctement prédit que la Réserve fédérale (banque centrale des États-Unis) réduirait les taux d'intérêt pour lutter contre l'inflation croissante dans le pays. Il a fait un gros pari contre le dollar américain et en faveur du marché des obligations du Trésor, qui bénéficierait de la baisse des taux d'intérêt.

Jones a également examiné le taux de chômage de l'époque, qui était en baisse, comme un indicateur que l'économie se redressait et que les prix pouvaient encore augmenter. Il a investi une grande partie de son fonds dans le pari contre le dollar américain et a fini par réaliser plus de 200% de profits avec ce mouvement.

La stratégie de Jones était basée sur l'analyse d'indicateurs macroéconomiques, y compris le taux de chômage et l'inflation. Il a utilisé ces informations pour anticiper les actions de la Réserve fédérale et faire un pari contre le dollar américain.

Son analyse méticuleuse et son courage à investir une grande partie de son fonds dans ce pari l'ont conduit à d'importants gains sur le marché des changes.

"Je crois que l'inflation est comme le vent. Vous ne pouvez pas la voir, mais vous pouvez la ressentir" - **Paul Tudor Jones.**

ANALYSE DES ÉVÉNEMENTS POLITIQUES ET GÉOPOLITIQUES

Os événements politiques et géopolitiques sont des facteurs clés qui influent sur le marché du Forex. Ils peuvent créer une instabilité économique dans un pays et, par conséquent, affecter la valeur de sa monnaie par rapport à d'autres devises. Un événement politique ou géopolitique peut être une élection présidentielle, un conflit militaire, des sanctions économiques, des traités commerciaux, et bien plus encore.

Il est important de souligner que tous les événements politiques ou géopolitiques n'affectent pas le marché du Forex de la même manière. Certains événements peuvent être plus significatifs que d'autres. De plus, l'analyse de ces événements doit être effectuée en conjonction avec d'autres analyses.

Un exemple clair d'un événement politique qui a affecté le marché du Forex a été l'élection présidentielle aux États-Unis en 2016. La victoire inattendue de Donald Trump a causé une grande incertitude sur le marché et a entraîné une baisse immédiate de la valeur du dollar américain.

De plus, la politique économique et commerciale de Trump a affecté les taux de change du dollar par rapport à d'autres devises. Un autre exemple est le Brexit, la sortie du Royaume-Uni de l'Union européenne. Le processus de négociation et l'incertitude qui l'entoure ont provoqué d'importantes fluctuations de la livre sterling par rapport à d'autres devises. L'incertitude politique et économique du Brexit continue d'influencer le marché du Forex.

Les tensions géopolitiques peuvent également affecter le marché du Forex. Par exemple, le conflit entre les États-Unis et l'Iran en janvier 2020 a entraîné une hausse des prix du pétrole, ce qui a, à son tour, affecté la valeur de certaines devises.

De plus, les traités commerciaux peuvent également influencer le marché du Forex. Par exemple, la renégociation de l'Accord de libre-échange nord-américain (ALENA) entre les États-Unis, le Canada et le Mexique a eu un impact significatif sur les taux de change de ces pays.

Lorsqu'il y a un conflit armé dans un pays, cela peut avoir des impacts significatifs sur le marché des changes. La volatilité peut augmenter et la valeur de la monnaie peut fluctuer considérablement. Par conséquent, un trader de forex doit être attentif aux actualités et aux événements liés aux pays en guerre afin d'identifier des opportunités de trading.

L'une des principales choses auxquelles un trader doit prêter attention est la durée du conflit et ses implications politiques. Le prolongement du conflit peut affecter la stabilité du gouvernement et les perspectives de croissance économique. Un autre aspect important à considérer est la participation d'autres pays au conflit. Si des pays puissants, tels que les États-Unis ou la Russie, interviennent, cela peut avoir un impact significatif sur le marché des changes, car l'action de ces pays peut affecter la géopolitique mondiale et générer de l'instabilité dans d'autres régions.

Les traders doivent également prêter attention aux effets humanitaires du conflit, tels que le déplacement de personnes et la perturbation du commerce. Ces facteurs peuvent affecter l'économie du pays en question et avoir un impact sur la monnaie.

Il est important que les traders de forex tiennent compte des attentes du marché à l'égard d'un pays en guerre. Le marché peut déjà avoir intégré le conflit, et l'impact potentiel sur la monnaie peut être limité. Par conséquent, il est important que le trader soit conscient de la situation actuelle et envisage la possibilité de surprises ou de changements inattendus qui pourraient influencer le marché des changes.

◆ ◆ ◆

Michael Marcus est l'un des traders légendaires qui a débuté sa carrière dans les années 1970 et est devenu l'un des meilleurs traders de tous les temps. Il a fait fortune en négociant diverses matières premières et sur le marché du Forex.

Au milieu des années 1980, Marcus a conclu une affaire majeure basée sur son analyse politique et géopolitique. Il a anticipé que l'économie japonaise serait affectée par la dépréciation du dollar américain, largement due à la politique économique du gouvernement américain.

Marcus a remarqué que l'économie japonaise dépendait fortement des exportations et que la dépréciation du dollar américain rendrait les produits japonais plus coûteux pour les acheteurs internationaux. De plus, il a anticipé que le gouvernement japonais interviendrait sur le marché des changes pour protéger l'économie, ce qui entraînerait une dépréciation du yen.

Sur la base de cette analyse, Marcus a décidé de vendre des yens japonais et d'acheter des dollars américains. Il a ouvert une position courte sur la paire de devises USD/JPY et a attendu. La décision de Marcus était la bonne : l'intervention du gouvernement japonais sur le marché des changes a entraîné une chute de la valeur du yen japonais, tandis que le dollar américain s'est apprécié.

À la fin de la journée, Marcus avait triplé son capital, transformant une position initiale de 30 000 $ en plus de 90 000 $. Ce fut un grand succès pour Marcus, qui a continué à avoir une carrière réussie sur le marché du Forex pendant de nombreuses années.

L'histoire de Marcus est un exemple de la façon dont l'analyse politique et géopolitique peut être utile aux traders de Forex. La compréhension des événements politiques et des relations internationales peut aider les traders à prévoir les tendances du marché et à prendre des décisions de trading éclairées.

ANALYSE DES RAPPORTS D'INFLATION

L es rapports d'inflation sont l'un des principaux indicateurs économiques utilisés par les traders de Forex pour anticiper la direction des marchés. Ils sont publiés par les banques centrales et d'autres organismes gouvernementaux, fournissant des informations sur le taux d'inflation dans une région ou un pays donné. Dans ce chapitre, nous explorerons comment ces rapports sont produits et comment les interpréter correctement.

Les rapports d'inflation sont émis par des institutions gouvernementales responsables de la politique monétaire, telles que la banque centrale d'un pays. Ces institutions ont pour objectif de surveiller et de contrôler l'inflation afin d'assurer la stabilité économique. Pour produire un rapport d'inflation, des données sur les prix des biens et services dans différents secteurs de l'économie sont collectées. Ces données sont recueillies grâce à des enquêtes de prix dans des magasins, des supermarchés, des stations-service, entre autres établissements.

Des données sur l'offre et la demande de produits sont également recueillies, ainsi que des informations sur le marché du travail et la performance économique dans son ensemble. Sur la base de ces informations, il est possible de calculer l'indice des prix à la consommation (IPC) et d'autres indicateurs d'inflation tels que l'Indice Général des Prix (IGP) et l'Indice National des Prix à la Consommation (INPC). Ces indicateurs sont régulièrement publiés dans des rapports d'inflation, essentiels pour que les traders et les investisseurs évaluent les conditions économiques et prennent des décisions d'investissement.

Les rapports d'inflation peuvent également inclure des projections futures pour l'inflation, basées sur différents scénarios économiques. Ces projections reposent sur des modèles économiques prenant en compte des variables telles que le taux d'intérêt, la croissance économique et les politiques gouvernementales. Les projections d'inflation sont importantes pour les traders à court terme, car elles peuvent influencer la politique monétaire d'un pays, et par conséquent, les taux d'intérêt et le taux de change.

◆ ◆ ◆

L'analyse des rapports d'inflation est une stratégie couramment utilisée par les traders qui cherchent à opérer à court terme sur le marché du Forex. Voici les étapes à suivre pour effectuer cette analyse :

Trouvez la date de publication du rapport d'inflation : Cette information peut être trouvée dans un calendrier économique, disponible sur divers sites spécialisés dans l'analyse de marché.

Choisissez une paire de devises : Sélectionnez une paire de devises qui sera impactée par le rapport d'inflation. Par exemple, si le rapport concerne l'inflation aux États-Unis, la paire USD/JPY peut être une option appropriée.

Analysez les prévisions du marché : Avant la publication du rapport, il est courant que des experts et des analystes fassent des prévisions sur les données qui seront divulguées. Analysez ces prévisions pour avoir une idée de ce à quoi s'attendre.

Comparez les prévisions avec les données publiées : Dès que le rapport est publié, comparez les prévisions du marché avec les données réelles divulguées. S'il y a une différence significative entre les chiffres, cela peut indiquer des opportunités de trading.

Identifiez les réactions du marché : Observez comment le marché réagit aux données divulguées. Si le résultat du rapport est meilleur que prévu, la devise peut s'apprécier. S'il est pire que prévu, la devise peut se déprécier.

Entrez sur le marché : En fonction de l'analyse des prévisions et des données divulguées, ainsi que de l'observation des réactions du marché, décidez si vous devez prendre une position d'achat (long) ou de vente (short) sur la paire de devises choisie.

Gérez votre risque : Comme dans toute opération sur le marché du Forex, il est important de gérer votre risque. Utilisez des outils tels que le stop loss et le take profit pour minimiser vos pertes et maximiser vos gains.

ANALYSE DES DONNÉES DE PRODUCTION INDUSTRIELLE

L a production industrielle constitue un indicateur essentiel de l'économie d'un pays et est donc étroitement suivie par les traders et les investisseurs. L'analyse des données de production industrielle peut s'avérer utile pour anticiper des changements sur le marché financier et faciliter la prise de décisions d'investissement plus éclairées.

Dans ce chapitre, nous explorerons comment l'analyse des données de production industrielle peut être utilisée pour opérer sur le marché du forex. La production industrielle englobe la fabrication de biens et est considérée comme un indicateur important de la croissance économique d'un pays. Les données de production industrielle sont collectées par des organismes gouvernementaux ou des organisations privées, comprenant des informations sur la production de biens durables et non durables, par secteur et par région.

Pour analyser les données de production industrielle, un trader peut suivre les tendances au fil du temps et les comparer avec les données d'autres pays ou régions. De plus, les traders peuvent également analyser les données de production industrielle conjointement avec d'autres indicateurs économiques tels que le PIB, l'inflation et les taux d'intérêt. Cette approche permet aux traders d'identifier des opportunités d'investissement, par exemple, investir dans des entreprises d'un pays dont la production industrielle est en hausse, ce qui indique une période de croissance économique.

D'autre part, si la production industrielle d'un pays est en déclin, cela peut signaler une économie en ralentissement, incitant les traders à réduire leurs investissements. L'analyse des données de production industrielle peut également être un outil efficace pour anticiper des changements futurs dans l'économie, par exemple, la possibilité d'une récession imminente si les données indiquent un déclin.

De plus, cette analyse peut aider les traders à identifier des tendances dans des secteurs spécifiques de l'économie. Par exemple, une augmentation de la production industrielle dans le secteur technologique peut indiquer une tendance de croissance pour les entreprises technologiques et signaler aux traders d'investir dans des actions de ces entreprises.

En résumé, l'analyse des données de production industrielle fournit des informations précieuses pour les traders et les investisseurs, facilitant la prévision de changements futurs dans l'économie et l'identification d'opportunités d'investissement. Il est essentiel de se rappeler que cette analyse doit être utilisée en conjonction avec d'autres informations et indicateurs économiques pour prendre des décisions d'investissement éclairées et réussies.

En 2010, le gouvernement chinois a annoncé un plan visant à réduire la production d'acier dans le but de lutter contre la pollution et de rééquilibrer l'économie. Ce plan impliquait la fermeture de plusieurs usines sidérurgiques à travers le pays, ayant un impact significatif sur la production industrielle. David Donora, un négociant en matières premières, a vu une opportunité de tirer profit de la baisse de la production d'acier en Chine. Il a commencé à surveiller les données de production industrielle chinoises et a observé une tendance à la baisse dans la production d'acier. Il a alors commencé à vendre des contrats à terme sur l'acier, pariant que le prix chuterait en raison de la baisse de la demande. La stratégie de Donora a porté ses fruits, et il a réalisé d'importants bénéfices grâce à la baisse du prix de l'acier. Il a été capable de prédire la tendance à la baisse grâce à son analyse minutieuse des données de production industrielle chinoise. Donora a continué à surveiller de près les données de production industrielle chinoises et a ajusté sa stratégie en fonction des changements dans les chiffres. Au final, il a réussi à augmenter considérablement ses profits au fil du temps. Cette histoire illustre l'importance d'analyser les données de production industrielle sur des marchés tels que celui des matières premières, où l'offre et la demande sont des facteurs clés influençant les prix. En comprenant les données de production industrielle, un négociant peut prévoir les tendances en matière d'offre et de demande et effectuer des transactions plus éclairées sur le marché.

"Sans production, l'économie ne peut pas croître. Sans croissance, l'économie ne peut pas se développer. Et sans développement, l'économie ne peut pas prospérer." **-Julian**

VICTOR VANDERSAN

Simon.

ANALYSE DES INDICATEURS SECTORIELS

L es indicateurs sectoriels sont produits par diverses entités telles que des associations industrielles, des agences gouvernementales, des entreprises de recherche et de conseil, entre autres. Ces indicateurs fournissent des informations spécifiques sur les performances d'un secteur économique, qu'il soit agricole, industriel, de services, etc. Pour produire ces indicateurs, les entités collectent généralement des données auprès des entreprises du secteur en question, telles que la production, les ventes, l'emploi, les investissements, les prix, etc. Ces données sont traitées et analysées afin de créer des indicateurs représentant les performances du secteur dans son ensemble. Ces indicateurs peuvent être publiés mensuellement, trimestriellement ou annuellement, en fonction de l'entité qui les produit.

Parmi les indicateurs sectoriels les plus connus, on peut citer l'Indice des Prix à la Production (IPP), l'Indice des Prix à la Consommation (IPC), l'Indice d'Activité Économique de la Banque Centrale (IBC-Br), l'Indice de Confiance de l'Industrie (ICI), entre autres. Chacun de ces indicateurs fournit des informations importantes sur les performances d'un secteur spécifique de l'économie, permettant ainsi l'analyse et la prise de décisions de la part des investisseurs, des entrepreneurs et des gouvernants.

L'analyse des indicateurs sectoriels peut aider les investisseurs à identifier les secteurs qui surpassent le marché général ou qui restent en arrière. Par exemple, si la production industrielle d'un secteur spécifique augmente tandis que d'autres secteurs sont en baisse, cela peut indiquer que ce secteur spécifique performe mieux que les autres. Les investisseurs peuvent également utiliser l'analyse des indicateurs sectoriels pour repérer les tendances du marché. Si plusieurs secteurs montrent des signes de ralentissement, cela peut être un signe que l'économie dans son ensemble commence à ralentir également. En revanche, si plusieurs secteurs connaissent une croissance soutenue, cela peut indiquer un marché en hausse.

Lors de l'analyse des indicateurs sectoriels, il est important de prendre en compte d'autres facteurs susceptibles d'affecter les performances d'un secteur spécifique. Par exemple, des changements dans les politiques gouvernementales, des fluctuations monétaires et des événements économiques internationaux peuvent avoir un impact significatif sur les secteurs économiques. Les investisseurs peuvent utiliser l'analyse des indicateurs sectoriels pour prendre des décisions éclairées sur les secteurs dans lesquels investir ou éviter. Par exemple, si un secteur spécifique présente une croissance forte et une perspective positive, un investisseur peut choisir d'allouer une partie de ses investissements dans ce secteur.

Cependant, il est important de se rappeler que l'analyse des indicateurs sectoriels n'est pas infaillible et ne doit pas être utilisée comme seule base pour prendre des décisions d'investissement. En résumé, l'analyse des indicateurs sectoriels est un outil précieux pour évaluer les performances d'un secteur spécifique de l'économie. En tenant compte de l'analyse des indicateurs sectoriels, les investisseurs peuvent identifier des tendances, anticiper des changements sur le marché et prendre des décisions éclairées sur les secteurs à privilégier ou à éviter. Cependant, il est crucial de considérer d'autres facteurs susceptibles d'influencer les performances d'un secteur spécifique et de ne pas se fier exclusivement aux indicateurs sectoriels pour prendre des décisions d'investissement.

Il y a eu un cas célèbre en 2017 où un négociant en matières premières du nom d'Andrew Cosgrove a effectué une importante opération de trading en se basant sur l'analyse d'indicateurs sectoriels. Cosgrove travaillait pour la société de trading américaine Whitehall Group, et vers le milieu de 2017, il a commencé à remarquer une forte demande de minerai de fer en Chine, ce qui faisait monter les prix. Cosgrove a entrepris d'investiguer les raisons derrière cette demande et a découvert que la production d'acier en Chine augmentait rapidement grâce à un programme d'investissements dans l'infrastructure du gouvernement. Il a ensuite analysé les indicateurs sectoriels liés à la production d'acier, tels que les ventes de charbon aux aciéries, et a noté qu'ils augmentaient rapidement. Sur la base de son analyse, Cosgrove a effectué un important trade sur les contrats à terme de minerai de fer, pariant que les prix continueraient de monter. Son pari s'est avéré juste, et il a réalisé un bénéfice significatif pour le compte de Whitehall Group. Cette histoire illustre l'importance de l'analyse des indicateurs sectoriels dans la prise de décisions en matière de trading. En observant les tendances dans des secteurs spécifiques, il est possible d'identifier des opportunités d'investissement et de prévoir des tendances de prix avant qu'elles ne deviennent évidentes pour d'autres investisseurs.

"Il n'y a pas de déjeuner gratuit". **Cette phrase de Milton Friedman est souvent citée comme un avertissement selon lequel les politiques gouvernementales bénéficiant à un secteur ou à un groupe spécifique peuvent avoir des coûts cachés ou des effets négatifs non intentionnels sur d'autres secteurs ou sur l'économie dans son ensemble.**

ANALYSE DES RAPPORTS DE REVENUS D'ENTREPRISE

Les rapports de revenus d'entreprise fournissent des informations cruciales sur la performance financière d'une entreprise. Ils comprennent des détails sur les ventes, les revenus et les bénéfices de l'entreprise sur une période déterminée. Ces rapports sont une source précieuse d'informations pour les investisseurs et les traders, car ils aident à évaluer la valeur d'une entreprise et sa capacité à générer des profits.

Les rapports de revenus d'entreprise sont produits trimestriellement et annuellement par les entreprises. Ils présentent des informations sur les ventes totales, les revenus, les coûts et les bénéfices, ainsi que l'analyse des principaux indicateurs financiers tels que la marge bénéficiaire, le retour sur les capitaux propres et le flux de trésorerie.

Les investisseurs utilisent les rapports de revenus d'entreprise pour évaluer la performance d'une entreprise par rapport à ses concurrents et à l'industrie dans son ensemble. Ils aident également à déterminer si une entreprise est en croissance ou en déclin. Si une entreprise annonce des revenus et des bénéfices supérieurs aux attentes, cela peut renforcer la confiance des investisseurs dans l'entreprise et augmenter sa valeur boursière.

Les traders forex utilisent également les rapports de revenus d'entreprise pour prendre des décisions de trading. Lorsqu'une entreprise annonce des résultats financiers meilleurs que prévu, la valeur de ses actions peut augmenter, ayant ainsi un impact positif sur la monnaie du pays où l'entreprise est implantée. En revanche, si une entreprise annonce des résultats inférieurs aux attentes, la valeur de ses actions peut chuter, ayant un impact négatif sur la monnaie du pays où l'entreprise est implantée.

Les traders prêtent également attention aux perspectives futures des entreprises, généralement discutées dans les rapports de revenus d'entreprise. Si une entreprise affiche des perspectives positives, les traders peuvent se sentir plus confiants dans leurs positions de trading, car ils estiment que l'entreprise connaîtra une meilleure performance financière à l'avenir.

Cependant, il est important de noter que les rapports de revenus d'entreprise ne sont pas toujours une indication précise de la performance financière d'une entreprise. Les entreprises peuvent utiliser des techniques comptables pour augmenter leurs revenus ou dissimuler des dettes et des passifs, ce qui peut avoir un impact négatif sur la valeur de l'entreprise à l'avenir.

L'analyse des rapports de revenus d'entreprise est une partie essentielle de l'analyse fondamentale sur le marché forex. Les investisseurs et les traders utilisent ces rapports pour évaluer la performance financière des entreprises et prendre des décisions de trading. Cependant, il est important de prendre conscience des limites des rapports et d'utiliser d'autres sources d'information pour effectuer une analyse complète et précise.

◆ ◆ ◆

Voici une démarche étape par étape sur la façon dont un trader forex peut analyser les rapports de revenus d'une entreprise :

Sélectionner les entreprises à analyser : le trader doit choisir les entreprises dont les rapports de revenus seront examinés. Il est important de choisir des entreprises opérant dans le secteur qui intéresse le trader.

Recueillir les rapports financiers : le trader doit recueillir les rapports financiers de l'entreprise, y compris le bilan, le compte de résultats et le flux de trésorerie.

Analyser les revenus : le trader doit analyser les revenus de l'entreprise au fil du temps, en les comparant à ceux d'autres entreprises du même secteur. Cela permettra d'identifier les tendances et les motifs dans les revenus.

Analyser les coûts : le trader doit analyser les coûts de l'entreprise, y compris les coûts de production et les dépenses opérationnelles. Cela aidera à déterminer la marge bénéficiaire de l'entreprise et son efficacité opérationnelle.

Analyser les profits : le trader doit analyser les profits de l'entreprise au fil du temps, en les comparant à ceux d'autres entreprises du même secteur. Cela permettra d'identifier les tendances et les motifs dans les profits.

Analyser la position de trésorerie : le trader doit analyser la position de trésorerie de l'entreprise, y compris le flux de trésorerie opérationnel et le flux de trésorerie disponible. Cela aidera à déterminer si l'entreprise dispose de suffisamment d'argent pour investir dans des projets futurs ou verser des dividendes aux actionnaires.

Analyser les prévisions de l'entreprise : le trader doit analyser les prévisions de l'entreprise, qui sont des prévisions de l'évolution prévue des revenus et des profits de l'entreprise à l'avenir. Cela peut aider à identifier des opportunités d'investissement.

Analyser la concurrence : le trader doit analyser la concurrence de l'entreprise, y compris d'autres entreprises du même secteur et celles proposant des produits ou services similaires. Cela aidera à déterminer la position de l'entreprise sur le marché et sa capacité à rivaliser avec d'autres entreprises.

Analyser les risques : le trader doit analyser les risques auxquels l'entreprise est confrontée, notamment les risques réglementaires, les risques liés au marché et les risques opérationnels. Cela aidera à déterminer si l'entreprise constitue un investissement sûr.

Prendre des décisions d'investissement : sur la base de l'analyse des rapports de revenus de l'entreprise.

ANALYSE DES DONNÉES DE VENTE AU DÉTAIL

L es données de vente au détail sont produites par des organismes gouvernementaux responsables de la collecte et de l'analyse d'informations liées aux ventes au détail. En général, des enquêtes sont menées auprès d'entreprises du secteur de la vente au détail, qui fournissent des informations sur leurs ventes, les prix pratiqués, entre autres données pertinentes. Aux États-Unis, par exemple, les données de vente au détail sont produites par le Département du Commerce, qui publie mensuellement le rapport des ventes au détail. L'enquête est menée auprès d'un échantillon représentatif d'entreprises du secteur, qui fournissent des informations sur leurs ventes et les prix pratiqués. Au Brésil, les données de vente au détail sont produites par l'Institut brésilien de géographie et de statistique (IBGE), qui réalise la Pesquisa Mensal de Comércio (PMC) dans tout le pays. La PMC est réalisée sur la base d'un échantillon d'entreprises du secteur de la vente au détail, qui fournissent des informations sur leurs ventes et les prix. La collecte de données de vente au détail peut être effectuée par diverses techniques, telles que des entretiens avec des responsables de magasins, l'analyse de documents fiscaux et des registres de ventes, entre autres. À partir de ces données, des indices sont élaborés permettant de suivre l'évolution des ventes dans le secteur et d'identifier les tendances et les changements dans le comportement du consommateur.

L'analyse des données de vente au détail est une technique importante dans l'analyse fondamentale du marché du forex. En effet, les tendances dans le secteur de la vente au détail sont souvent considérées comme indicatives de la performance économique générale d'un pays. Dans ce chapitre, nous allons explorer comment les traders de forex peuvent utiliser l'analyse des données de vente au détail pour prendre des décisions de trading éclairées.

Étape 1 : Trouver des sources fiables de données de vente au détail. Il existe plusieurs sources de données de vente au détail que les traders de forex peuvent utiliser. Certains des plus courants comprennent l'Indice des ventes au détail (Retail Sales Index) et l'Indice des prix au détail (Retail Price Index). Ces données sont généralement publiées mensuellement et peuvent être obtenues sur des sites d'organismes gouvernementaux tels que le Bureau of Labor Statistics aux États-Unis, ou dans des institutions financières.

Étape 2 : Analyser les tendances à long terme. Lors de l'analyse des données de vente au détail, il est important de se pencher sur les tendances à long terme. Cela peut être fait en comparant les données sur plusieurs années et en observant comment elles ont changé au fil du temps. Cette analyse peut aider à identifier des modèles et des tendances qui peuvent être utilisés pour prévoir la performance future de l'économie.

Étape 3 : Considérer les variations saisonnières. Les données de vente au détail peuvent être influencées par des variations saisonnières, telles que les achats de fin d'année ou les ventes de rentrée scolaire. Il est important de prendre en compte ces variations lors de l'analyse des données de vente au détail. Une façon de le faire est de comparer les données avec les mêmes mois de l'année précédente.

Étape 4 : Analyser les données de vente au détail par rapport à d'autres indicateurs économiques. Les données de vente au détail peuvent être utilisées en conjonction avec d'autres indicateurs économiques tels que le taux de chômage et les indices des prix. Cette analyse peut aider à identifier des modèles et des tendances plus larges dans l'économie.

Étape 5 : Utiliser l'analyse technique pour confirmer vos conclusions. Enfin, les traders de forex peuvent utiliser l'analyse technique pour confirmer leurs conclusions sur les données de vente au détail. Par exemple, si les données de vente au détail indiquent que l'économie est en croissance, cela peut être confirmé par une hausse des prix des actions et une baisse des taux d'intérêt.

ANALYSE DES DONNÉES DE CRÉDIT

L es données de crédit sont générées à partir d'informations collectées par les organismes de régulation et les institutions financières sur les prêts et financements accordés aux particuliers et aux entreprises. Ces informations comprennent le montant du prêt, la durée, le taux d'intérêt, les défauts de paiement, entre autres données pertinentes. Les organismes de régulation, tels que la Banque centrale, collectent et compilent ces données pour surveiller le système financier et prendre des mesures réglementaires si nécessaire. Les institutions financières utilisent également ces données pour évaluer les risques et prendre des décisions de crédit. De plus, il existe des entreprises spécialisées dans la fourniture de données de crédit, telles que les agences de crédit, qui recueillent des informations sur l'historique de crédit des particuliers et des entreprises, y compris les retards de paiement et les dettes en cours. Ces informations sont utilisées par les prêteurs pour évaluer le risque d'accorder des prêts et des financements. L'analyse des données de crédit est un outil important utilisé par les traders Forex pour évaluer la santé financière d'une entreprise ou d'un pays. Ces données incluent des informations sur les prêts, les défauts de paiement, les taux d'intérêt et d'autres indicateurs financiers qui affectent la disponibilité et le coût du crédit.

Étapes Pour Analyser Les Données De Crédit :

Collecter les données : La première étape de l'analyse des données de crédit consiste à collecter les informations pertinentes. Cela peut inclure des données sur les prêts, les taux d'intérêt, les défauts de paiement, l'historique de crédit et d'autres informations financières.

Analyser les tendances : Après avoir collecté les données, il est important d'analyser les tendances au fil du temps. Cela peut aider à identifier des motifs et des changements dans la santé financière d'une entreprise ou d'un pays.

Comprendre les implications des données : Il est important de comprendre les implications des données de crédit. Par exemple, une augmentation des défauts de paiement peut être un signe qu'une entreprise ou un pays traverse des difficultés financières, ce qui peut entraîner une baisse de sa devise sur le marché Forex.

Comparer avec d'autres sources : Il est essentiel de comparer les données de crédit avec d'autres sources, telles que des rapports économiques et des actualités financières, pour obtenir une vision plus large de la santé financière d'une entreprise ou d'un pays.

Faire des projections : En se basant sur les tendances et les implications des données de crédit, les traders Forex peuvent faire des projections sur la manière dont la santé financière d'une entreprise ou d'un pays peut affecter les prix des devises sur le marché Forex.

Monitorer continuellement : L'analyse des données de crédit est un processus continu. Les traders Forex doivent surveiller en permanence les données et mettre à jour leurs projections à mesure que de nouvelles informations deviennent disponibles.

◆ ◆ ◆

John Paulson, un gestionnaire de fonds spéculatifs à succès, s'est fait connaître en 2007 lorsqu'il a parié des milliards de dollars contre le marché immobilier américain. Il a utilisé des analyses de données de crédit pour déterminer que le marché des prêts hypothécaires à risque était sur le point de s'effondrer, ce qui s'est finalement produit et lui a rapporté d'importants bénéfices.

Cependant, l'histoire que je vais raconter concerne un autre investissement qu'il a réalisé plus tard, également basé sur l'analyse de données de crédit. En 2010, Paulson a réalisé que les entreprises du secteur immobilier rencontraient des difficultés financières et étaient exposées au risque de défaut de paiement. Il a utilisé des données de crédit pour identifier les entreprises en pire situation financière et a donc décidé de parier contre elles. Son analyse s'est avérée correcte, ces entreprises ont fini par faire défaut et déclarer faillite. Ainsi, Paulson a réalisé d'importants profits en pariant contre ces entreprises.

Cette histoire illustre comment l'analyse de données de crédit peut être un outil puissant pour prendre des décisions de trading sur le marché des changes. Grâce à elle, il est possible d'évaluer le risque de défaut de paiement des entreprises et de prévoir d'éventuelles faillites, permettant au trader de prendre des décisions éclairées et rentables.

ANALYSE DES MONNAIES NATIONALES

L es monnaies nationales sont les devises émises et utilisées dans un pays donné, généralement pour des transactions commerciales et financières à l'intérieur de ce pays. Par exemple, le réal est la monnaie nationale du Brésil, le dollar américain est la monnaie nationale des États-Unis, et ainsi de suite.

Quant aux monnaies internationales, ce sont des devises largement acceptées et utilisées pour des transactions internationales, telles que le commerce et les investissements. Le dollar américain, l'euro, le yen japonais, la livre sterling et le franc suisse sont quelques-unes des monnaies internationales les plus courantes. La différence fondamentale entre les deux réside dans l'échelle d'utilisation. Alors que les monnaies nationales sont limitées à un pays spécifique, les monnaies internationales sont utilisées dans les transactions entre pays et sont négociées sur les marchés mondiaux des changes.

Les traders qui opèrent avec des monnaies nationales sur le

marché du forex doivent être conscients que les frais de courtage facturés par les courtiers peuvent être plus élevés que pour les monnaies internationales. Cela est dû au fait que la liquidité des monnaies nationales peut être inférieure à celle des monnaies internationales, ce qui accroît le risque de volatilité et de perte pour les courtiers.

Par conséquent, il est important que les traders prennent en compte les frais de courtage et autres coûts associés aux opérations avec des monnaies nationales, tels que les impôts et les frais de transaction, lors de la détermination de leur stratégie de trading. Ils doivent tenir compte non seulement de la rentabilité potentielle de l'opération, mais aussi du coût total impliqué.

De plus, les traders doivent être sélectifs dans le choix des courtiers avec lesquels ils négocient des monnaies nationales. Ils doivent rechercher des courtiers ayant une bonne réputation et une réglementation fiable pour garantir que leurs fonds et leurs informations soient protégés.

Il existe quelques différences significatives entre le fait de trader avec des monnaies nationales et des monnaies internationales sur le marché des changes. Certaines des principales différences sont :

Volatilité : Les monnaies nationales ont tendance à être plus volatiles que les monnaies internationales, car les fluctuations de l'économie locale ont un impact direct sur le taux de change. Par conséquent, les traders qui opèrent avec des monnaies nationales doivent être prêts à faire face à une plus grande volatilité et à un potentiel de risque accru.

Diversification : Les monnaies internationales offrent une opportunité de diversification du portefeuille, car elles peuvent être utilisées pour négocier avec des pays à des stades économiques différents. En revanche, les monnaies nationales sont davantage limitées aux conditions économiques du pays lui-même.

Frais de courtage : Comme mentionné précédemment, les courtiers forex facturent généralement des frais de courtage plus élevés pour les opérations avec des monnaies nationales, ce qui peut affecter le potentiel de profit du trader. Il est important de prendre en compte ces frais lors de la planification de ses opérations.

Influences politiques : Les monnaies nationales peuvent être influencées par des questions politiques et sociales dans le pays où elles sont émises. Par conséquent, les traders qui opèrent avec ces monnaies doivent être attentifs aux facteurs politiques tels que les élections, les crises politiques et les changements législatifs.

Disponibilité : Toutes les plateformes de trading forex ne proposent pas la possibilité de trader avec des monnaies nationales. Par conséquent, les traders doivent trouver une plateforme qui offre ce type d'opération s'ils souhaitent trader avec ces monnaies.

❖ ❖ ❖

Il existe plusieurs stratégies fondamentalistes que les traders peuvent utiliser pour opérer sur les devises nationales sur le marché du forex. Voici quelques-unes des principales :

Analyse économique du pays : les traders fondamentalistes utilisent une variété d'indicateurs économiques, y compris le PIB, le taux d'intérêt, le niveau de la dette publique, l'inflation et d'autres données pour évaluer la santé économique du pays, puis prendre des décisions de trading en fonction de ces informations.

Analyse politique du pays : les événements politiques tels que les élections, les changements de gouvernement et les conflits internationaux peuvent avoir un impact majeur sur les taux de change. Les traders fondamentalistes suivent de près ces événements et évaluent leur impact potentiel sur l'économie du pays.

Analyse des matières premières : de nombreux pays dépendent des exportations de matières premières telles que le pétrole, l'or et d'autres produits de base pour stimuler leur économie. Les traders fondamentalistes évaluent les prix des matières premières et les tendances de l'offre et de la demande pour évaluer l'impact que ces facteurs peuvent avoir sur l'économie du pays et, par conséquent, sur les taux de change.

Analyse de la politique monétaire : les traders fondamentalistes évaluent les politiques monétaires des banques centrales du pays pour déterminer la direction future des taux d'intérêt et les perspectives de l'économie. Les changements dans les politiques monétaires peuvent avoir un impact majeur sur les taux de change.

Analyse des facteurs mondiaux : les traders fondamentalistes tiennent également compte de facteurs mondiaux tels que la santé économique d'autres pays, les prix des matières premières et les tendances du marché dans d'autres parties du monde, lorsqu'ils évaluent les perspectives pour l'économie du pays et les taux de change.

ANALYSE DES DEVISES INTERNATIONALES

L'analyse des devises internationales est l'un des piliers de l'analyse fondamentale sur le marché du forex. Elle se concentre sur l'étude des principales devises internationales, notamment le dollar américain, l'euro, le yen japonais, la livre sterling et le franc suisse, ainsi que sur la manière dont elles sont influencées par les principaux facteurs économiques, politiques et géopolitiques dans le monde entier. De nombreux facteurs peuvent influencer les devises internationales, tels que les taux d'intérêt, la performance économique, la politique monétaire, les tensions commerciales et politiques entre les pays, les conflits géopolitiques et les événements mondiaux importants tels que les élections et les crises financières.

Pour réussir à trader les devises internationales, il est important de bien comprendre les principaux facteurs qui influent sur chaque devise et comment ces facteurs peuvent évoluer au fil du temps. Cela peut inclure l'analyse de données économiques, la lecture de rapports de politique monétaire des principales banques centrales et la surveillance des actualités internationales pertinentes. Un trader forex doit être constamment informé des actualités internationales pertinentes pour ses opérations, car ces actualités peuvent affecter directement le marché des changes.

Il Existe Plusieurs Façons De Surveiller Ces Actualités, Notamment :

Sites d'actualités : Il existe plusieurs sites d'actualités couvrant les marchés financiers et les actualités internationales pertinentes pour le forex, tels que CNBC, Bloomberg, Reuters, entre autres.
Réseaux sociaux : Les réseaux sociaux tels que Twitter peuvent être une excellente source d'informations en temps réel sur les actualités financières et économiques importantes.
Calendriers économiques : De nombreux sites et courtiers fournissent des calendriers économiques répertoriant les prochains événements économiques importants, tels que les publications de données économiques et les discours des dirigeants politiques.

Para trouver des sources fiables, il est important de rechercher et d'évaluer la crédibilité des sources que vous utilisez. Quelques conseils pour trouver des sources fiables incluent :

Vérifiez la réputation du site ou de l'organisation : assurez-vous que le site ou l'organisation est reconnu pour fournir des informations précises et fiables.

Consultez l'auteur de l'article : vérifiez si l'auteur est un expert ou s'il a de l'expérience dans le domaine sur lequel il écrit.

Vérifiez d'autres sources : consultez d'autres sources pour confirmer l'information que vous lisez. Si plusieurs sources fiables rapportent la même information, il est plus probable qu'elle soit vraie.

Soyez attentif aux sources biaisées, évitez les sources qui semblent avoir un agenda politique ou financier clair.

ANALYSE DES DONNÉES DU COMMERCE INTERNATIONAL

L e commerce international est un composant vital de l'économie mondiale et a un impact significatif sur le marché des changes. L'analyse des données du commerce international peut aider les traders à prévoir les tendances de change et à prendre des décisions éclairées sur leurs transactions. Les données du commerce international comprennent des informations sur les importations et les exportations de biens et de services d'un pays. Ces données sont généralement publiées par les gouvernements à intervalles réguliers, souvent mensuels ou trimestriels. Elles peuvent être trouvées sur les sites officiels des gouvernements, tels que ceux des ministères du commerce ou des banques centrales, ainsi que dans des sources d'informations financières.

Les principaux indicateurs des données du commerce international incluent :

Balance commerciale : il s'agit de la différence entre les exportations et les importations d'un pays au cours d'une période donnée. Si les exportations sont supérieures aux importations, la balance commerciale est positive, et si les importations sont supérieures aux exportations, la balance commerciale est négative.

Taux de change : la valeur de la monnaie d'un pays par rapport à celle d'un autre pays peut affecter les exportations et importations de biens et services. Un taux de change favorable peut augmenter les exportations d'un pays, tandis qu'un taux défavorable peut augmenter les importations.

Indice des prix à l'importation/exportation : mesure la variation des prix des biens importés et exportés par un pays. L'augmentation des prix à l'importation peut affecter négativement la consommation intérieure, tandis que l'augmentation des prix à l'exportation peut être bénéfique pour l'économie.

Volume du commerce : mesure la quantité de biens et services exportés et importés par un pays au cours d'une période donnée. L'augmentation du volume du commerce peut indiquer une croissance économique saine.

Indice de compétitivité : mesure la capacité d'un pays à concurrencer en termes de prix et de qualité avec d'autres pays sur le marché international. Une compétitivité élevée peut entraîner une augmentation des exportations et une croissance économique durable.

Il existe plusieurs façons dont les traders peuvent utiliser les données du commerce international pour éclairer leurs transactions. Voici quelques-unes des principales stratégies :

Identifier les tendances du commerce : les traders peuvent utiliser les données du commerce international pour identifier les tendances d'importation et d'exportation d'un pays ou d'une région. Ces tendances peuvent affecter la demande de devises étrangères et, par conséquent, la valeur de la monnaie par rapport à d'autres monnaies.

Surveiller la performance économique : les données du commerce international peuvent fournir des informations sur la performance économique d'un pays ou d'une région. Par exemple, une augmentation des exportations peut indiquer une augmentation de la production et de l'emploi, ce qui peut être un signe d'une économie saine.

Suivre la demande de matières premières : les exportations de matières premières, telles que le pétrole et les métaux précieux, peuvent avoir un impact significatif sur les devises des pays producteurs. Les traders peuvent utiliser les données du commerce international pour surveiller la demande de ces biens et faire des prévisions éclairées sur les devises correspondantes.

Identifier d'éventuels changements dans la politique commerciale : les données du commerce international peuvent également fournir des informations sur d'éventuels changements dans la politique commerciale d'un pays ou d'une région. Par exemple, une augmentation des tarifs d'importation peut entraîner une dépréciation de la monnaie, tandis qu'une politique plus ouverte peut entraîner une appréciation de la monnaie.

Pour garantir qu'ils reçoivent des informations précises et à jour, les traders doivent trouver des sources fiables de données sur le commerce international. Cela peut inclure des sites officiels de gouvernements, des organisations internationales telles que l'Organisation mondiale du commerce (OMC) et des sources d'informations financières respectables.

En résumé, l'analyse des données du commerce international peut être un outil précieux pour les traders de forex. Les données peuvent aider les traders à identifier les tendances, à surveiller les performances économiques, à suivre la demande de matières premières et à identifier d'éventuels changements dans la politique commerciale. Cependant, il est important que les traders trouvent des sources fiables et à jour d'informations pour prendre des décisions éclairées.

ANALYSE DES MARCHÉS ÉMERGENTS

Les marchés émergents sont des pays en développement avec des économies en croissance rapide et un grand potentiel de rentabilité pour les investisseurs. Ces marchés offrent de nombreuses opportunités aux traders forex, mais présentent également des risques significatifs. Voici quelques-unes des principales opportunités que les traders peuvent rechercher :

Croissance économique : De nombreux marchés émergents ont des taux de croissance économique plus élevés que les marchés développés, ce qui peut entraîner une appréciation de la devise locale par rapport à d'autres devises.

Différence de taux d'intérêt : Les taux d'intérêt dans les pays émergents sont généralement plus élevés que dans les pays développés. Cela peut entraîner un flux de capitaux vers ces pays, ce qui peut augmenter la valeur de leur devise.

Ressources naturelles : De nombreux marchés émergents sont riches en ressources naturelles telles que le pétrole, le gaz, les minéraux et les métaux précieux. Lorsque les prix de ces ressources augmentent, cela peut avoir un impact positif sur la devise locale.

Démographie favorable : Dans de nombreux marchés émergents, la population est jeune et en croissance rapide, ce qui peut entraîner une augmentation de la demande de biens et de services, et par conséquent, une augmentation de la production et de l'activité économique générale.

◆ ◆ ◆

Cependant, les traders doivent également être conscients des risques associés aux marchés émergents. Certains de ces risques comprennent :

Volatilité : Les marchés émergents sont connus pour leur haute volatilité, ce qui peut rendre difficile la prévision des tendances de prix.

Politique : La politique joue un rôle important dans les marchés émergents et peut avoir un impact significatif sur les conditions économiques. Les décisions gouvernementales et les changements de leadership peuvent entraîner des oscillations imprévisibles sur le marché.

Difficulté d'accès à l'information : Obtenir des informations précises sur les marchés émergents peut être un défi. Les données économiques peuvent être limitées ou imprécises, et les marchés peuvent manquer de transparence.

Risque de change : Les investisseurs sur les marchés émergents font face au risque de fluctuations des taux de change, ce qui peut affecter la valeur de leurs investissements.

Risque géopolitique : Les marchés émergents peuvent également être affectés par l'instabilité politique et les conflits armés, entraînant des perturbations dans le commerce et l'investissement.

Cependant, les traders doivent également être conscients des risques associés aux marchés émergents, tels que la volatilité politique, les fluctuations marquées des taux de change, le manque de transparence concernant les données économiques et financières, entre autres. Il est important que les traders effectuent une analyse complète et prudente avant d'investir dans tout marché émergent.

◆ ◆ ◆

Voici une démarche étape par étape sur la manière dont un trader forex peut effectuer son analyse fondamentale d'un pays émergent :

Collecter des données macroéconomiques : Commencez par collecter des données macroéconomiques du pays en question. Cela inclut les données sur le PIB, l'inflation, le taux d'intérêt, la balance commerciale et la dette extérieure.

Analyser la politique économique du pays : Analysez la politique économique du pays pour comprendre les intentions du gouvernement vis-à-vis de l'économie. Cela peut inclure des décisions en matière de politique monétaire, fiscale et commerciale.

Vérifier la stabilité politique : Vérifiez la stabilité politique du pays et la probabilité d'événements politiques qui pourraient affecter l'économie, tels que des élections ou des changements de gouvernement.

Examiner les conditions sociales : Analysez les conditions sociales du pays, telles que le niveau de pauvreté, l'inégalité et la qualité de l'éducation, pour comprendre comment ces facteurs peuvent influencer l'économie.

Observer la situation des entreprises locales : Observez la situation des entreprises locales pour évaluer la santé de l'économie du pays. Des entreprises solides indiquent généralement une économie robuste, et vice versa.

Suivre la situation des matières premières : Vérifiez la situation des matières premières que le pays produit ou exporte, ainsi que les conditions des marchés mondiaux de ces matières premières, pour comprendre comment cela peut affecter l'économie.

Vérifier la situation des relations internationales : Vérifiez la situation des relations internationales du pays, y compris les accords commerciaux, les sanctions et les actions d'autres pays à l'égard du pays. Cela peut affecter le commerce et l'économie du pays.

Suivre les actualités : Suivez les actualités quotidiennes liées au pays pour obtenir des informations actualisées et des perspectives sur les événements actuels pouvant influencer l'économie.

Analyser l'impact sur le marché forex : Après avoir collecté et analysé toutes les informations pertinentes, analysez comment ces facteurs peuvent affecter le marché forex et prenez des décisions d'investissement éclairées en fonction des informations recueillies.

ANALYSE DES DONNÉES D'INVESTISSEMENTS ÉTRANGERS

L'analyse des données d'investissements étrangers est l'une des techniques utilisées par les traders pour analyser les marchés financiers et prendre des décisions d'investissement éclairées. Les données d'investissements étrangers peuvent aider à évaluer l'attractivité d'un marché pour les investisseurs étrangers, ainsi qu'à fournir des informations sur la santé économique générale du pays en question. Les investissements étrangers peuvent inclure des placements en actions, en obligations et dans d'autres actifs financiers. Ils peuvent être directs ou indirects, impliquant des entreprises ou des individus qui acquièrent des participations dans des entreprises locales ou des obligations émises par le gouvernement. Les données d'investissements étrangers sont collectées par les gouvernements et les institutions financières et sont disponibles publiquement pour les traders.

Voici quelques-unes des principales façons dont un trader de forex peut utiliser l'analyse des données d'investissements étrangers :

Évaluer L'attrait Du Marché :

Les flux d'investissements étrangers peuvent indiquer l'attrait d'un marché pour les investisseurs étrangers. Si un grand afflux d'investissements étrangers se produit dans un pays, cela peut être un signe que le pays est perçu comme un bon endroit pour investir. Cela peut entraîner une appréciation de la devise locale par rapport aux autres devises.

Identifier Les Tendances Macroéconomiques :

Les investissements étrangers peuvent également fournir des informations précieuses sur la santé économique générale d'un pays. Un grand afflux d'investissements étrangers peut indiquer que l'économie est en expansion et que les investisseurs sont confiants dans l'avenir. En revanche, un déclin des investissements étrangers peut indiquer des problèmes économiques dans le pays.

Anticiper Les Mouvements De Prix :

Les investissements étrangers peuvent également affecter les mouvements de prix des devises locales et d'autres classes d'actifs. Si un grand afflux d'investissements étrangers se produit dans un pays, cela peut entraîner une appréciation de la devise locale par rapport aux autres devises. De même, une sortie d'investissements étrangers d'un pays peut entraîner une dépréciation de la devise locale.

Identifier Les Opportunités D'investissement :

Les données d'investissements étrangers peuvent également aider les traders à identifier des opportunités d'investissement spécifiques. Un grand afflux d'investissements étrangers dans un secteur particulier peut indiquer des opportunités d'investissement dans ce secteur. De même, un grand afflux d'investissements étrangers dans une entreprise spécifique peut indiquer une opportunité d'investissement dans cette entreprise.

Pour effectuer l'analyse des données d'investissements étrangers, le trader peut accéder à des rapports d'investissements étrangers produits par les banques centrales, les agences gouvernementales et d'autres institutions financières. Ces rapports peuvent inclure des informations sur le flux d'investissements étrangers, le secteur cible des investissements et le pays d'origine des investisseurs. Le trader peut également utiliser des outils d'analyse de données pour visualiser et analyser de manière plus efficace les données d'investissements étrangers.

Il existe plusieurs outils d'analyse de données qu'un trader peut utiliser pour visualiser et analyser efficacement les données d'investissement étranger. Certaines des principales outils incluent :

Feuilles de calcul électroniques : Les feuilles de calcul électroniques, telles que Microsoft Excel ou Google Sheets, sont des outils essentiels pour analyser les données d'investissements étrangers. Elles permettent l'organisation des données sous forme de tableaux, la création de graphiques et l'application de formules et de fonctions pour faciliter l'analyse.

Graphiques : Les graphiques sont un outil visuel puissant pour analyser les données d'investissements étrangers. Ils permettent au trader de visualiser les tendances et les motifs dans les données et d'identifier d'éventuelles opportunités de négociation.

Analyse statistique : L'analyse statistique est un outil important pour comprendre les données d'investissements étrangers. Elle permet au trader de faire des prévisions basées sur des données historiques et d'identifier d'éventuels risques et opportunités de négociation.

Logiciels d'analyse de données : Il existe plusieurs logiciels d'analyse de données disponibles sur le marché, tels que Tableau, Power BI et Google Data Studio. Ils permettent la création de tableaux de bord interactifs et personnalisés pour analyser les données d'investissements étrangers.

API de données : Les API de données permettent au trader d'accéder et d'utiliser des données d'investissements étrangers en temps réel, directement sur leurs plateformes de négociation. Cela leur permet de prendre des décisions de négociation plus informées et opportunes.

◆ ◆ ◆

En 2016, le président des États-Unis, Donald Trump, remporta l'élection présidentielle avec sa campagne "America First", qui promettait de protéger l'économie américaine et de limiter les investissements étrangers dans le pays. En conséquence, de nombreux investisseurs étrangers s'inquiétèrent de l'avenir du marché américain et commencèrent à retirer leurs investissements.

Un trader nommé John Paulson, célèbre pour son grand succès pendant la crise financière de 2008, considéra cette situation comme une opportunité et commença à acheter des actions d'entreprises américaines qui avaient été vendues par des investisseurs étrangers, y compris des actions du secteur financier et de l'énergie.

Paulson fonda sa décision sur des données d'investissements étrangers, montrant que les investisseurs vendaient des actions américaines en grande quantité. Il croyait que ces ventes étaient excessives et que les entreprises américaines étaient assez solides pour résister à la politique "America First" de Trump. Son analyse fondamentaliste se révéla correcte et ses achats aboutirent à d'importants bénéfices.

Les actions de banques telles que Citigroup et Bank of America se redressèrent de plus de 20%, tandis que les entreprises pétrolières comme ExxonMobil augmentèrent de plus de 15%. Cette histoire réelle illustre l'importance de l'analyse des données d'investissements étrangers dans la prise de décisions d'investissement et comment un trader peut utiliser ces données pour déceler des opportunités de trading lucratives.

ANALYSE DES DONNÉES DE PRODUCTION AGRICOLE

L a production agricole constitue un indicateur essentiel de la santé économique d'un pays, car l'agriculture est un secteur fondamental dans la plupart des économies mondiales. L'analyse des données de production agricole peut fournir des informations précieuses aux traders de forex, car elle peut influencer les décisions en matière de politiques monétaires et commerciales, tout en ayant un impact sur le prix des devises nationales. Cependant, il est important de se rappeler que l'objectif de ce livre est axé sur les investissements en forex et non sur les matières premières. Par conséquent, l'analyse des données de production agricole sera abordée dans cette perspective.

L'analyse des données de production agricole implique la collecte et l'analyse d'informations sur la quantité et la qualité des récoltes dans une région ou un pays donné. Les données peuvent inclure des informations sur le rendement des cultures, les conditions météorologiques, l'utilisation d'engrais et de pesticides, ainsi que la demande du marché. Plusieurs sources permettent d'obtenir ces données, telles que les agences gouvernementales, les organisations internationales, les entreprises d'études de marché et les coopératives agricoles.

L'une des méthodes les plus efficaces pour analyser les données de production agricole est l'utilisation de graphiques et de tableaux. Ces outils peuvent aider à identifier les tendances et les motifs au fil du temps, tout en permettant la comparaison entre différentes régions ou pays. De plus, les traders de forex peuvent utiliser ces données pour anticiper la direction future des prix des devises nationales.

Il existe plusieurs sources fiables pouvant être utilisées pour collecter des données sur la production agricole. Certaines d'entre elles comprennent :

FAO (Organisation des Nations unies pour l'alimentation et l'agriculture) : La FAO fournit des informations sur la production agricole mondiale, y compris des données sur la production, les prix, le commerce et la consommation alimentaire.
USDA (Département de l'agriculture des États-Unis) : L'USDA fournit des données sur la production agricole aux États-Unis, ainsi que des informations sur les prix, le commerce et les conditions climatiques affectant la production.
Eurostat : L'agence de statistiques de l'Union européenne fournit des données sur la production agricole, les prix et le commerce entre les pays membres de l'UE.
Ministères de l'Agriculture : Les ministères de l'agriculture des gouvernements nationaux collectent généralement et publient des données sur la production agricole dans leurs pays respectifs.
Organisations de producteurs agricoles : De nombreuses

organisations de producteurs agricoles collectent et publient des données sur la production dans leurs domaines respectifs, souvent axées sur des produits spécifiques tels que les céréales, les fruits ou les légumes.

Entreprises de conseil en agro-industrie : Les entreprises spécialisées dans l'agro-industrie collectent et analysent des données sur la production agricole dans le monde entier, fournissant des informations et des analyses aux investisseurs, producteurs et autres parties prenantes du secteur.

Il est important de rappeler qu'il est nécessaire de vérifier la fiabilité et l'actualité des données collectées, ainsi que les méthodologies utilisées pour la collecte et l'analyse de ces données.

◆ ◆ ◆

Il existe plusieurs outils d'analyse de données que les traders de matières premières peuvent utiliser pour visualiser et analyser de manière efficace les données de production agricole. Ces outils comprennent des graphiques de prix, des analyses techniques et fondamentales, des modèles économétriques, des analyses de régression et des analyses de séries temporelles.

Supposons qu'un trader soit intéressé à investir sur le marché des changes japonais. Il analyse les données de production agricole du Japon et découvre que la production de riz a significativement augmenté l'année dernière. Sur cette base, il peut anticiper une augmentation de la demande pour le yen japonais, étant donné que le riz est une marchandise importante dans le pays. Cela pourrait conduire à une appréciation du yen par rapport à d'autres devises, comme le dollar américain.

Des pays tels que le Brésil, la Chine, l'Inde et la Russie présentent un grand potentiel pour la production agricole et peuvent offrir des opportunités d'investissement lucratives pour les traders cherchant à diversifier leur portefeuille. Cependant, l'analyse des données de production agricole comporte également des défis. Les conditions climatiques peuvent être imprévisibles, et la demande mondiale peut être affectée par des facteurs politiques et économiques. De plus, les données de production agricole peuvent être difficiles à obtenir et peuvent varier d'une région à l'autre dans le monde.

◆ ◆ ◆

Une histoire réelle de trading sur le marché des changes basée sur l'analyse des données de production agricole s'est déroulée en 2018 avec le dollar australien. À l'époque, une sécheresse sévissait dans plusieurs parties de l'Australie, provoquant une baisse significative de la production de blé et d'autres produits agricoles. Certains traders sur le marché des changes qui suivaient les données de production agricole ont réalisé que la baisse de la production de blé pourrait avoir des répercussions négatives sur l'économie australienne dans son ensemble, car l'exportation de blé constitue une source importante de revenus pour le pays. Ainsi, de nombreux traders ont commencé à vendre le dollar australien, anticipant une possible dépréciation de la devise. En conséquence, le dollar australien a chuté par rapport au dollar américain et à d'autres devises majeures. Les traders qui ont saisi cette opportunité et ont vendu le dollar australien ont réalisé des bénéfices grâce à la dépréciation de la devise.

ANALYSE DES DONNÉES ÉNERGÉTIQUES

L'analyse des données énergétiques est un outil important d'analyse fondamentale pour les traders du Forex qui souhaitent investir dans les paires de devises des pays producteurs et exportateurs d'énergie. Cette analyse implique la surveillance et l'analyse d'une série de données liées à la production, la consommation et les stocks d'énergie.

Les principales données énergétiques que les traders du Forex doivent surveiller incluent :

Production de pétrole brut : La production de pétrole brut est un indicateur important de la capacité d'un pays à générer des revenus grâce à l'exportation de pétrole. Elle peut être influencée par des facteurs tels que les investissements dans l'infrastructure et la technologie, les conditions climatiques, l'instabilité politique et les questions environnementales.

Consommation de pétrole : La consommation de pétrole est une mesure de la demande intérieure d'un pays en énergie. Elle peut être influencée par des facteurs tels que la croissance économique, les politiques gouvernementales et les conditions climatiques.

Stock de pétrole : Les stocks de pétrole sont une mesure de la quantité de pétrole qu'un pays a stockée pour répondre aux besoins futurs de consommation et d'exportation. Le niveau des stocks peut être influencé par une série de facteurs, notamment l'offre et la demande mondiale de pétrole, les politiques gouvernementales et les événements géopolitiques.

Production de gaz naturel : La production de gaz naturel est un indicateur important de la capacité d'un pays à générer des revenus grâce à l'exportation de gaz naturel. La production peut être influencée par des facteurs similaires à ceux de la production de pétrole.

Consommation de gaz naturel : La consommation de gaz naturel est une mesure de la demande intérieure d'un pays en énergie. Elle peut être influencée par des facteurs similaires à ceux de la consommation de pétrole.

Stock de gaz naturel : Les stocks de gaz naturel sont une mesure de la quantité de gaz naturel qu'un pays a stockée pour répondre aux besoins futurs de consommation et d'exportation. Le niveau des stocks peut être influencé par des facteurs similaires à ceux des stocks de pétrole.

Production d'énergie renouvelable : L'augmentation de la production d'énergie renouvelable, telle que l'énergie éolienne et solaire, peut affecter les prix du pétrole et du gaz naturel, influençant les devises des pays producteurs de pétrole et de gaz.

Demande en énergie : La demande en énergie est un indicateur économique important qui peut affecter les prix du pétrole et du gaz naturel. Les traders peuvent surveiller la demande en énergie dans différentes régions du monde pour obtenir des informations sur la santé économique de ces régions et potentiellement anticiper des mouvements dans les taux de change.

Les traders du Forex peuvent utiliser ces données énergétiques pour prendre des décisions éclairées d'investissement dans les paires de devises des pays producteurs et exportateurs d'énergie. Par exemple, si la production de pétrole d'un pays augmente, il est possible que l'offre de pétrole augmente sur le marché mondial, entraînant une baisse des prix du pétrole et une possible dépréciation de la monnaie de ce pays. D'autre part, si la demande mondiale de pétrole augmente, les prix du pétrole peuvent augmenter, entraînant une appréciation de la monnaie du pays exportateur de pétrole.

Il existe un exemple notable d'un grand changement sur le marché des changes qui a eu lieu en raison d'un événement dans le secteur de l'énergie.

En 2014, l'Organisation des pays exportateurs de pétrole (OPEP) a décidé de maintenir sa production de pétrole élevée, malgré la chute des prix du pétrole. Cela a entraîné une baisse significative des prix du pétrole brut, qui a eu un impact sur le marché des changes de différentes manières.

Un exemple notable a été le yen japonais. Comme le Japon est un grand importateur de pétrole, la baisse des prix du pétrole brut a affecté l'économie du pays et donc la force du yen. En conséquence, de nombreux traders du marché des changes ont commencé à vendre le yen et à acheter d'autres devises, comme le dollar américain. Cela a entraîné un grand changement sur le marché des changes, le dollar américain augmentant par rapport au yen japonais.

Cependant, ce changement de marché n'a pas duré longtemps. En 2016, l'OPEP a décidé de réduire sa production de pétrole, ce qui a entraîné une hausse des prix du pétrole brut. Cela a, à son tour, provoqué un changement sur le marché des changes, le yen japonais se renforçant par rapport au dollar américain.

Cette histoire réelle démontre comment les données énergétiques, telles que la production de pétrole et les prix du pétrole brut, peuvent avoir un impact significatif sur le marché des changes. Les traders du marché des changes doivent surveiller de près ces données pour prendre des décisions de trading éclairées.

ANALYSE DES DONNÉES DE PRIX À LA CONSOMMATION

L'analyse des données de prix à la consommation est un outil essentiel pour les traders forex qui souhaitent évaluer la santé économique d'un pays. L'indice des prix à la consommation (IPC) mesure la variation moyenne des prix d'un ensemble de biens et services consommés par les familles sur une période donnée. Il s'agit d'un indicateur clé de l'inflation et, par conséquent, de la politique monétaire de la Banque centrale. L'IPC est calculé à partir d'enquêtes sur les prix des biens et services dans un panier de consommation de base. Les prix sont collectés dans les zones urbaines et rurales, dans les commerces, les services, les services publics et d'autres endroits. Les pondérations attribuées à chaque élément sont basées sur leur importance dans le panier de consommation de base, qui peut varier d'un pays à l'autre.

L'augmentation ou la diminution de l'IPC peut avoir plusieurs conséquences pour l'économie et, par conséquent, pour le marché forex. Une hausse de l'IPC indique une augmentation des prix des biens et services, ce qui peut entraîner une diminution du pouvoir d'achat des consommateurs, car ils doivent dépenser plus d'argent pour acheter les mêmes biens et services. Cela peut entraîner une diminution de la consommation, ce qui peut affecter négativement les entreprises dépendantes de la consommation interne.

D'autre part, une baisse de l'IPC indique une baisse des prix des biens et services, ce qui peut augmenter le pouvoir d'achat des consommateurs. Cela peut entraîner une augmentation de la consommation et, par conséquent, avoir un effet positif sur les entreprises dépendantes de la consommation interne.

Sur le marché forex, les traders peuvent utiliser ces informations pour évaluer la santé économique d'un pays et la probabilité d'une hausse ou d'une baisse des taux d'intérêt, ce qui peut affecter la valeur de la monnaie. Par exemple, si l'IPC d'un pays augmente, la banque centrale peut choisir d'augmenter les taux d'intérêt pour contrôler l'inflation, ce qui peut entraîner une appréciation de la monnaie du pays par rapport à d'autres monnaies. D'autre part, si l'IPC d'un pays diminue, la banque centrale peut choisir de réduire les taux d'intérêt pour stimuler l'économie, ce qui peut entraîner une dépréciation de la monnaie du pays par rapport à d'autres monnaies.

Pour analyser les données de prix à la consommation, les traders forex peuvent utiliser des graphiques et des tableaux d'historique de l'IPC, ainsi que des rapports et annonces de la Banque centrale. Ils peuvent également surveiller d'autres indicateurs économiques tels que l'indice des prix à la production (IPP) et l'indice des prix à la consommation élargi (IPCA), qui inclut des biens et services plus étendus que le panier de base. Il est important que les traders forex trouvent des sources fiables de données et d'informations sur l'IPC et d'autres indicateurs économiques. Ces sources comprennent les agences gouvernementales, les banques centrales, les institutions financières, les agences de presse et les organisations internationales. Il est essentiel que les traders effectuent une analyse minutieuse des données avant de prendre des décisions de trading basées sur celles-ci. L'analyse des données de prix à la consommation est une partie essentielle de l'analyse fondamentale du marché forex. En surveillant attentivement les données de l'IPC et d'autres indicateurs économiques, les traders peuvent prendre des décisions de trading éclairées et maximiser leurs opportunités de profit sur le marché.

Un exemple de trading forex basé sur l'analyse des données des prix à la consommation s'est produit en 2019, lorsque la Banque centrale européenne (BCE) a décidé de reporter la hausse des taux d'intérêt, entraînant une baisse de l'euro par rapport au dollar américain. Les traders qui surveillaient de près les données d'inflation en Europe et les décisions de la BCE s'attendaient déjà à ce que la hausse des taux soit reportée en raison de l'IPC bas. Ainsi, lorsque la BCE a officiellement annoncé que les taux d'intérêt resteraient stables, les traders ont commencé à vendre l'euro et à acheter le dollar américain, car la décision de la BCE indiquait une économie européenne plus faible que celle des États-Unis.

Un exemple spécifique est le cas d'un trader forex qui surveillait les données d'inflation en Allemagne, la plus grande économie de la zone euro. Le trader a remarqué que l'IPC allemand était inférieur aux attentes du marché et que la BCE se montrait prudente à l'égard des taux d'intérêt. Sur la base de ces données, le trader a ouvert une position vendeuse sur l'euro par rapport au dollar américain. Après l'annonce de la BCE, l'euro a chuté et le trader a réalisé un profit significatif sur sa position vendeuse. Il a fermé la position avec succès avant que le marché ne se déplace dans la direction opposée, réalisant un profit considérable grâce à son analyse attentive des données d'inflation et de la politique de la BCE.

CONCLUSIONS AND RECOMMENDATIONS FOR THE FUTURE

Nous arrivons à la fin de ce voyage dans le monde de l'analyse fondamentale du Forex. Tout au long du livre, nous avons exploré les principes, les concepts et les stratégies essentiels pour comprendre et appliquer l'analyse fondamentale sur le marché des changes. Dans ce dernier chapitre, nous passerons en revue les principales conclusions et fournirons quelques recommandations pour l'avenir de l'analyse fondamentale.

Valeur de l'Analyse Fondamentale : Tout au long de ce livre, nous avons souligné à plusieurs reprises l'importance de l'analyse fondamentale sur le marché du Forex. Elle offre une vision approfondie des facteurs macroéconomiques, politiques et sociaux qui influent sur les devises, permettant aux traders de mieux comprendre les tendances et les mouvements des paires de devises.

Fondamentaux Économiques et Indicateurs Clés : Les fondamentaux économiques jouent un rôle fondamental dans l'analyse fondamentale. La connaissance des principaux indicateurs économiques tels que le PIB, le taux d'intérêt, l'inflation, la balance commerciale et les données sur l'emploi est essentielle pour évaluer la santé économique d'un pays et anticiper d'éventuels mouvements dans les devises associées.

Suivi des Actualités et des Événements : Il est devenu évident tout au long du livre que le suivi régulier des actualités et des événements est crucial dans l'analyse fondamentale. La divulgation d'informations importantes, telles que les discours des politiciens, les annonces des banques centrales et les événements géopolitiques, peut avoir un impact significatif sur les devises. Les traders doivent rester à jour et prêts à réagir à ces événements.

Analyse des Scénarios et des Probabilités : L'analyse fondamentale aide les traders à construire des scénarios et à évaluer les probabilités de résultats différents. En se basant sur une compréhension des fondamentaux, les traders peuvent analyser les résultats possibles et évaluer le rapport risque-rendement de leurs décisions de trading. Cela permet une approche plus fondée et informée lors de l'entrée et de la sortie du marché.

Apprentissage Continu et Recherche : L'analyse fondamentale est un domaine vaste et complexe, avec une multitude de facteurs à prendre en compte. Il est essentiel pour les traders de s'engager dans un apprentissage continu, de suivre des recherches mises à jour et de rechercher de nouvelles connaissances sur l'économie, la politique et les développements mondiaux. Plus ils approfondiront leur analyse fondamentale, meilleures seront leurs compétences en matière de prise de décision.

Recommandations pour l'Avenir :

Perfectionner la Compréhension des Fondamentaux : Continuez à améliorer votre compréhension des fondamentaux économiques en étudiant les indicateurs clés et leurs implications sur les marchés du Forex. Recherchez des informations auprès de sources fiables et élargissez vos connaissances économiques pour prendre des décisions plus éclairées.

Développer un Réseau d'Informations : Restez informé des dernières actualités et développements économiques en construisant un réseau fiable de sources d'informations. Cela inclut des sites spécialisés, des agences de presse, des publications financières et même des groupes de discussion en ligne avec d'autres traders.

Suivre les Calendriers Économiques : Utilisez les calendriers économiques pour être au courant des événements et indicateurs économiques importants qui seront divulgués. Cela vous permettra de vous préparer à l'avance et d'évaluer les impacts potentiels sur les devises pertinentes.

Intégrer l'Analyse Fondamentale avec d'Autres Approches : Bien que ce livre se concentre sur l'analyse fondamentale, il est important de reconnaître que d'autres approches, telles que l'analyse technique et la gestion des risques, jouent également un rôle crucial dans le trading du Forex. Envisagez d'intégrer ces approches pour obtenir une vision plus complète et prendre des décisions plus solides.

Pratiquer la Discipline et la Gestion des Risques : Enfin, rappelez-vous de l'importance de la discipline et de la gestion des risques dans le trading du Forex. L'analyse fondamentale peut fournir des informations précieuses, mais il est essentiel d'appliquer une approche disciplinée lors de la mise en œuvre de vos stratégies et d'assurer une gestion appropriée des risques pour protéger votre capital.

Conclusions

L'analyse fondamentale du Forex offre une base solide pour comprendre les mouvements des devises et prendre des décisions éclairées sur le marché des changes. En comprenant les fondamentaux économiques et en suivant de près les événements pertinents, les traders peuvent améliorer leurs compétences de prévision et maximiser leurs opportunités de trading.

Au fur et à mesure que vous progressez dans votre parcours de trader, rappelez-vous de continuer à apprendre, à vous tenir informé des actualités et des développements économiques, et à adapter vos stratégies au besoin. L'analyse fondamentale est un domaine en constante évolution, et ceux qui s'engagent à perfectionner leurs compétences auront certainement un avantage sur le marché du Forex.

Nous vous souhaitons du succès dans vos futures transactions et que l'analyse fondamentale soit un outil précieux dans votre parcours sur le marché du Forex.

Printed by Amazon Italia Logistica S.r.l.
Torrazza Piemonte (TO), Italy

56266476R00060